VOYAGE
DE MONSIEVR

LE PRINCE DE CONDE'

en Italie depuis son partement du
Camp de Montpellier, iusques à son
retour en sa maison de Mouron, ensemble les remarques des choses les
plus notables qu'il a veuës en sondit
voyage.

A PARIS,

Chez Toussainct Quinet, au Palais,
dans la petite Salle, sous la mon-
tée de la Cour des Aydes.

M. DC. XXXIV.

Auec Priuilege du Roy.

VOYAGE DE

MONSIEVR LE Prince de Condé en Italie, depuis son partement du Camp de Montpellier, iusques à son retour en sa maison de Mouron, ensemble les remarques des choses les plus notables qu'il a veües en son dit voyage.

Ondit sieur le Prince, auec la permission du Roy, partit du Camp deuant Montpellier le Dimanche neuffesme Octobre

1622. alla coucher à Aiguemortes chez Monfieur Didier.

Le Lundy onziefme difner à Arles fejourne audit lieu.

Le Mardy douziefme, & Mercredy treiziefme, logé chez Monfieur Bouchon premier Conful.

Le Ieudy quatorziefme coucher en Auignon chés Monfieur d'Auriac, Terre du Pape.

Le Vendredy difner à Carpentras Terre du Pape, chez le Capitaine Pierre Cofme: là veu l'Eglife Cathedrale, où eft vn des Cloux de la Croix de noftre Seigneur, & puis coucher à Saut, chés le Iuge du lieu, Terre du Roy.

Le Samedy difner à Orpierre à la Rofe, y a vn Chafteau fur vn Rocher: coucher à Saleaus au logis de la Barque.

Le Dimanche feiziefme, difner

à Talar, Ville & Chasteau appar-
tenant à Monsieur Dauriac à la
Croix blanche, coucher à Sauine
Village, chés Gaspard Doutre
Chastelain du lieu.

Le Lundy dixseptiesme passe à
Ambrun Archeuesché, tres-belle
Eglise, beau logis de l'Archeuesque, Citadelle, disner à S. Crespin,
à l'Escu de France : apres disner
veu vne grande muraille qui autrefois separoit le Dauphiné du
Briançonnois, passe entre deux
Rochers, en vn lieu appellé la Por-
te-Rostan, coucher à Briançon à
la Poste, Ville & fort Chasteau.

Le Mardy dix-huictiesme disner
à Ours chés Monsieur de Serus, le
train à la Croix blanche, passe le
Mont Geneure à la Ramasse, veu
Esilles apres disner, fort Chasteau : Quitte la France & entre

dans le Piedmont à vne petite
Croix, proche lallaſſe Village, là
faut monſtrer le certificat; de la
Santé coucher à ſuſe , premiere
ville du Piedmont, à la Roſe.

S V S F.

S V s e eſt vne petite ville ſituée
dans , & enuironnee de Montagnes : il n'y a rien de notable
à y voir que le Chaſteau, la Citadelle , l'Egliſe de Sainct Tuſt,
où il y a pluſieurs ſainctes Reliques , elle appartient au Duc de
Sauoye , & y a garniſon & vn
Gouuerneur.

Le Mercredy dix neufieſme
venu diſner à Turin chés le Seigneur Claudio Marini Ambaſſa-
deur de France, coucher au Palais
au logis de Monſieur le Cardinal
de Sauoye.

T V R I N.

TVRIN eſt vne ville de moyenne grandeur, proche de
laquelle paſſe la riuiere du Pau,
& la Doire; depuis quelques an-
nées le Duc a commencé vne ville
neufue qui l'agrandira de beaucoup plus qu'elle n'eſt maintenát
grande, quelques ruës ſont desja
baſties, & pluſieurs Monaſteres
& maiſons cómencées: Et il y apa-
roiſt desja deux baſtions fort auá-
cés, non encores reueſtus : à l'entrée y a vn Portail tresbeau, où eſt
eſcrite vne inſcription Latine con-
cernant le Mariage du Prince auec
Madame fille de France.

Le Dome autrement l'Egliſe
S. Iean eſt tresbelle à voir, c'eſt vn
Archeueſché, là ſe voit ceſte ad-
mirable relique du S. Suaire de

noftre Seigneur : l'eglife des Iefuites eft aufsi tresbelle,& la Madona d'Elmonte où font les Capuchins hors la Ville de dela le
Pau eft magnifique & en belle
veuë ; |La Citadelle eft tresforte
compofée de cinq Baftions reguliers , & de la grandeur de celle
d'Anuers : Au milieu y a vn tres-
beau Puis dás le fond duquel l'on
defcend à cheual par vn cofté , &
fi d'autres eftoient au fond, peu-
uent auffi remonter à cheual en
tournant fans fe rencontrer. Il y a
vne maifon dans le fauxbourg du
Pau nommée l'Albergo , où fe
font plufieurs manufactures de
foye & eftoffes, cela eft digne d'e-
ftre veu. Le Palais de fon Alteffe
qui fe tient auec le logis de Madame, ceux des Princes & Infan-
tes, font d'vne tres-grande eften-

duë fans regle de baftiment ny
d'architecture : y a vne facade
auec forces ftatuës, celles de Madame & du Prince & d'autres vis
à vis de la place qui eft tres belle,
cela eft digne d'eftre veu. Ce qui
eft le plus beau c'eft la gallerie de
fon Alteffe : au plancher font les
fignes & autres chofes celeftes :
La genealogie des Ducs de Sauoye
y eft en de grands tableaux tout
au long : Par bas au lieu de lambris font des armoires où il y a
plus de trente mil volumes de liures tant manufcripts qu'impri-
més, difpofez par ordre felon les
matieres. Deffus lefdites armoires
font des antiques de marbres tres-
excellentes : y a auffi les teftes de
plufieurs Empereurs : y a deffous
des armes de toutes fortes de Nations : & dans quelques armoires,

& parmy leſdites armes pluſieurs
ſingularitez de diuerſes Nations.

Dans la chambre du Duc y a
d'excellens tableaux de la main
du Baſſan, & au bout de la gallerie vn Cabinet garni de deſſeins
de Michel Ange , & autres tableaux de tres-excellens Peintres.

Par dehors de la gallerie y a vn
Corridor où on va tout du long à
deſcouuert : Et le coſté de dehors
ſont fleurs & Orengers dans des
pots : Au deſſous & tout du long
de la gallerie eſt vn beau jardin
plein d'Orengers & de fontaines :
Au bout vn Dome ouuert en tres-
belle veuë.

Cedit jardin eſt aſſez long, mais
eſtroit : De là par dehors la ville ſe
trouue vn beau Parc enuironné
des riuieres du Pau & de la Doire,
où ſe voient force belles allées

couuertes : Dedans y a vn petit
clos de murailles, dans lequel fe
trouuent des beftes dé chaffe de
toutes efpeces.Entre les deux , le
Duc a fait baftir vne fort iolie maifon, où dans la Salle eft le pourtraict d'vn tres-grand Geant: y a
deuant les feneftres vn beau jardin plein d'Orangers, des Autru-
ches,&vn Porc efpic:Dans le Parc
y a vn eftan,où les beftes viennent
mourir; & tout autour force perdris,lieures & faifans.

Les maifons de Riuole & Mont-
callier meritét d'eftre veuës;cóme
auffi le Valentin, la Vigne de Madame : & fur tout Millefleur maifon du Prince, tres-jolie: y a vn
beau jardin , de belles eaux , vn
beau parc fourny d'allees: Dans la
Salle y a les tableaux de plufieurs
beaux cheuaux: dans la chambre

vn beau lict, la broderie en eſt de papier doré. La vigne de Monſieur le Cardinal merite auſſi d'eſtre viſitee.

Pour voir le tout que deſſus, mondit Seigneur le Prince a demeuré le Mercredy, Ieudy, Vendredy, Samedy, Dimanche, dixneuf, vingt, vingt-vn, vingt deux, & vingt-troiſieſme Octobre.

Le Lundy vingt-quatrieſme Octobre partit de Turin, venu diſner à Chiuas à la Couronne, ville aſſez petite, fortifiee de baſtiós de brique; vne jolie Egliſe, vn beau clocher. Coucher à Siano village, trois Egliſes, vne parroiſſe, vne Chappelle de Penitens; hors le bourg eſt vne Egliſe appellee Noſtre Dame des Graces, où ſe font des miracles, bien ornee; logé aux trois Rois.

Le Mardy vingt-cinquiefme
Octobre difner à Vercelles, ville
grande; y paffe vne petite riuiere
qui n'eft pas marchande, ny nauigable. La place eft belle, & y a à
l'Eglife de fainct Thomas vn S.
Roch, & autres belles peintures
de la main de Gaudencio. L'Eglife
du Dome de fainct Eufebe, où eft
le corps du beato Amadeo Duc
de Sauoye, & autres reliques; c'eft
l'Euefché. S. André eft vne tres-
belle Eglife, à l'entree eft vne
belle facade, deux beaux clochers:
s'y voit force belles reliques, entr'autres deux efpines de la Couronne de noftre Seigneur, & le
coufteau de fainct Thomas; des
paremens & argenterie, & la fepulture d'vn ancien Abbé: ce font
Religieux reguliers Chanoines de
S. Auguftin.

Pareillement fait beau voir l'Eglise S. François: Mais sur tout celle de sainct Christophle, duquel on voit vne dent tres-grande: y a de tres belles peintures de la main du Gaudentio.

Le Chasteau n'est pas grand chose : y a aussi vne Citadelle de 5. bastions. La ville est aussi fortifiee, & est la derniere du Piedmont, disne à l'hostellerie des trois Rois.

Apres disner entre dans la Duché de Milan, veu le fort de Borgo ou de Sandonal, où y a garnison d'Espagnols. Peu apres vne Tour. Puis coucher à Nouarre, veu le Dome Euesché, le Palais de Iustice, les Barnabites, & S. Gaudentio. La ville est petite: y a vn fort Chasteau, & des bastions tout autour de la ville, logé à l'hostellerie de la presse, ou du poisson.

Le Mercredy vingt-sixiefme Octobre difner à Maienta, beau bourg, à la Croix blanche : y a quatre Iglifes, la Parroiffe, les Celeftins, S. Anthoine & fancta Maria la Vechia. Se monftre vn Palais où a logé vn Roy de France.

Coucher à Milan, le train au Faucon, mondit Sieur au Palais.

Le Ieudy vingt-feptiefme Octobre mondit fieur le Prince fejourna, & vit les raretez de la ville.

MILAN.

MILAN eft vne des plus grandes villes qui fe puiffe iamais voir de tour de murailles; elle eft auffi ou plus grande que Paris, mais il y a bien vn quart de la ville en jardinages. Elle eft

situee en plaine, & en pays fort
fertile: Il y a bien d'habitans trois
cens mil ames: Les rues sont tres-
grádes & belles·il y a force beaux
palais: Il y a aussi plus de sept cens
Eglises, dont y en a bien cinq cés
où repose le sainct Sacrement. La
plus belle est le Dome, tout basty
de marbre blanc, & autour y a six
cens statuës qui ont cousté mil
escus la piece. Là en vne Chappelle sous terre, qui a vn grand
trou qui sort dans l'Eglise, est le
Corps de S. Charles Borromee,
reuestu de ses habits Pontificaux,
l'on voit sa teste entiere, & aussi
ses pieds, le reste de son Corps
est couuert de ses habits. Dans le
thresor du Dome il y a de tres-ri-
ches presens: entr'autres vne statue d'argent de S. Charles habillé
pontificalement, & sur la mitre

des pierres precieufes: cela a efté donné par les Orfeures de Milan. Le refte du threfor eft d'vn prix ineftimable.

Sainct François eft vne belle Eglife. Sainct Fidelle Conuent de Iefuites, & le College qui eft à vn autre endroit de la ville, fe doiuét voir. Il y a aux Auguftins vne nouuelle deuotion de noftre Dame de Bon fuccés.

Les eglifes de fainct Victor, fainct Ambroife, fainct Laurent, les Graces, & la paffion, & noftre Dame de fainct Celfe, font tres-belles.

Le Chafteau eft tres-fort : ce font fix baftions reguliers, & vn dehors pareil : dedans vne grande gallerie qui regne tout autour, y a plus de huict cens pieces d'artillerie : y a quatorze cens hommes en garnison, & force munitions de toutes sortes.

Il y a sept Hospitaux: le grand est le plus beau, & S. Gregoire hors des murs. Il y a deux canaux qui vont comme en rond par dedans la ville qui portent batteaux. Il y a dans la ville force beaux jardins, & presque tout le pays est vn jardin, les grands chemins estans tres-droicts, plantez de grands arbres, & dans les champs par tout blé, arbres, vignes & prés ensemble, & des canaux d'eau par tout. La Simonette Leinard, la grande Chartrouse de pauie, où entr'autres la facade, le pupitre, le grand Autel, les Cloistres, & les Iardins se doiuent voir, & la Chartrousine aussi proche Milan. Dans ces deux maisons de Leinard & de la Simonnette

nette y a de belles grottes, & de beaux iardins : Les murailles, bouleuarts & remparts de la ville se doiuent voir : comme aussi la grande quantité d'artisans, & marchandises de toutes sortes. La Bibliotheque neuue du Cardinal Borromée Archeuesque est tres-belle.

Le Vendredy vingt huictiesme Octobre mondit Sieur le Prince vinst disner à le Fornare à l'hostelerie de sainct Georges: & apres disner entre sur l'estat de Venise, & coucher à Bergame aux trois Couronnes, c'est la poste, dans le fauxbourg sainct Antoine.

BERGAME.

BErgame est vne tres-belle ville & tres-forte, apparte-

B

nant aux Venitiens : y a autour
douze baftions comprenant vn
lieu non feparé de la ville que l'on
nomme le Fort, & force flancs,
courtines, & murailles, de beaux
rempars, & force terre & efpace,
mefme quelques hautes montagnes derriere : Dehors enuiron
deux cens pas y a vne autre efpece
de Citadelle bien fortifiée nommée la Capelle, où l'on và de la
Ville, fi l'on veut, par vn chemin
fous terre : La ville eft fur vne
montagne, & la Capelle fur vne
autre plus haute : Y a cinq grands
faux-bourgs, fainct Liennard,
fainct Antoine, faincte Catherine, S. Thomas, & le fauxbourg
Canale où eft l'Eglife fainct Go-
dart digne de veoir : dedans y a vn
vieux Chafteau affez fort, y a vne
Couleurine qui porte cét pefant,

& qui pefe treize milliers. Le Pá-
lais du grand Capitaine eſt beau,
y a haut & bas cinq ſalles pleines
d'armes : vne belle maiſon de ville ſe voit à la place, & auſſi le Palais du Podeſta, & le Palais où ſe
rend la Iuſtice : l'Egliſe de ſaincte
Marie majeur eſt tres-belle, s'y
voit quatre excellens tableaux ſur
du bois ſans peinture faicts de
pieces raportées, & tout au tour
de l'Autel, de meſme par derriere y en a pluſieurs : Se voit vne
Chapelle du Capitaine Bártholo-
meo, vn beau portail & ſa ſepulture dedans : ſe voit le Domé:
aupres ſe voit les Auguſtins, les
Carmes, & l'Egliſe ſainct André,
où ſe voit vn beau tableau ſur
l'autel, & trois corps ſaincts deſſous. La place du marché ſe doibt
voir.

Delà venu difner à Pallaffuol-
lo à l'enfeigne de fainct Marc à la
pofte.

Le Samedy vingt-neufiefme
Octobre coucher à Breffe, à l'hoftellerie de la Tour, pofte.

BRESSE.

BReffe eft vne ville au milieu
d'vne plaine de tous coftez
horfmis vers le Chafteau qui eft
fur vne montagne, & au deffus &
par delà force grandes montagnes : Nous y vifmes vne belle
Eglife nommée les Graces, où y a
vne Chapelle nommée *la Madon-
na delle gratie*, y a derriere l'autel vn
beau tableau du Moreto, & vn autre dans la Sacriftie : Dans le milieu de la ville fe voit vne belle
Tour où eft l'Horloge, & dedans

c'eſt la priſon des femmes, elle
s'appelle *Torre de la Palata*: Dans
l'Egliſe ſainct François ſe voit derriere l'autel vn beau tableau du
Romanin, & dehors la ſepulture
de Monſieur de Chabot, François. L'hoſpital des femmes eſt
beau, celuy des hommes auſſi.
La Madonna des miracles eſt vne
belle deuotion, l'entrée en eſt
belle, comme auſſi l'entrée de
ſainct Laurent parroiſſe. Le Conuent ſainct Pierre eſt auſſi tres-
beau & en belle veüe proche le
Chaſteau: Se voit auſſi l'Egliſe
ſainct Afro, vne deſſus y a force
beaux tableaux, vne deſſous où
eſt vn puis où l'on tient qu'il y a
trente mil Martyrs enterrez. L'E-
gliſe de ſainct Dominique eſt
tres-belle, la proſpectiue de dedans eſt admirable. Se voit le

vieux Dome, auquel font deux
morceaux de la vraye Croix tres-
grãds dans deux belles Croix: On
a commencé vn Dome neuf de
tres admirable ſtructure. Proche
eſt l'Eueſché, qui eſt vn tres-beau
Palais où y a vn tres beau iardin.
Se voit le Palais des Gouuerneurs
où y a force armes de toutes fortes. La place n'eſt pas grande, mais
belle : y a vne belle maiſon de
ville.

Le Chaſteau eſt ſur vne montagne, dans l'enclos de la ville;
mais vne porte du Chaſteau fort
dehors ſans paſſer par la ville. Il
eſt commandé d'aſſez loing de
quelques montagnes; Il a trois
enceintes; En la premiere y a cinq
baſtions: En la ſeconde vn foſſé
& des baſtimens: Et plus haut vn
fort, & vn Cauallier dedans à met-

tre artillerie : s'y voit vne belle
conferue d'eau , force artillerie, &
munitions de guerre & de bouche.

Le Dimanche trentiefme
Octobre vinfmes difner à Vrfe
vechio à l'enfeigne de l'Aquila.
Par les chemins fe voit vn beau
Conuent de Capuchins, & la Ma-
donna de Spafimo.

Apres difner veu en paffant
Vrfe noua tres-forte place : y a
fept grands baftions, vn beau foffé, & n'y manque rien de munitions de viures & de guerre, &
deux mil hommes en garnifon.
Elle eft fituée dans vne plaine, &
eft aux Venitiens : y a vn petit
Chafteau où demeure le Gouuerneur. Le Dome, S. François, fainct
Dominique, la place, & l'hofpital des Soldats fe doiuent voir.

De là passer la riuiere d'Oi à
Sonssins petite ville de l'estat de
Milan. Coucher à Crema à l'An-
ge, aux Venitiens.

CREMA.

CRema est située dans vne
plaine, & est assez forte : y a
vn beau fossé, de grands ramparts, vn petit Chasteau assez
fort. Le Dome, la Tour qui y est
belle. Le Palais du Podesta, la place, & la Thore Thoraza se doiuent voir. Le Palais du Seigneur
Comte Ludouico Sermone est
beau : la Madonna san Spiritu, &
la santa Maria delle gratiē font
force miracles. En l'Eglise des
Religieuses de saincte Monique
y a bonne musique. Sainct François, & sainct Bernardin sont aussi

deux belles Eglises.

Hors la ville trois cés pas, se voit vne belle Eglise nómée santa Maria de la Croix : c'est vne rotonde tresgrande & quatre petites en croix : y a force beaux tableaux, entre autres vn de Benedetto Piana : Dessous l'Autel y a vne iolie Chapelle. Le Chasteau est petit, vn fossé au tour, & par dehors vn petit bastion seulement.

Le Lundy trentevniesme Octobre passe à Lodi.

LODI.

Lodi est vne grande ville de l'estat de Milan qui n'a que de simples murailles située en plaine, & quelques ruisseaux, ou petites riuieres au tour. Le Dome & l'Incoronata se doiuent voir, les

ruës font belles. Apres auoir veu
la ville, allafmes difner à fant Angelo à l'hoftellerie de la Couronne, coucher à Pauie à l'Empereur.

PAVIE.

PAuie eſt vne grande ville fort
peuplée fituée en vne pleine,
peu fortifiée: le Chaſteau ne vaut
gueres, & n'a qu'vn ſimple foſſé
& vne ſortie par dehors. S. Michel
eſt vne ancienne Eglife, la façade
eſt curieuſe, on voit vne Chappelle nommée du S. Sacrement, où
font les os des François.

On voit à trois milles de la ville
vn grand parc, mais prefque tou-
tes les murailles font rompuës.
Les Socolanti hors la ville, & vne
Eglife nommée fan Saluator de
Moines de fainct Benoiſt, & vne

autre nómée ſan Spiritu du meſme Ordre, dans la ville ſainct Fráçois, les Carmes, les Socolanti,&
la ſcuola Dey battuti ſont belles
à voir.

Se voit auſſi deux Egliſes S.Au-
guſtin, l'vne des Chanoinesregu-
liers, l'autre de Moines Auguſtins.
Le Corps de S. Auguſtin eſt dans
l'vne des deux, ils diſputent en-
ſemble dans laquelle. Se voit en
celle des Moines vne belle ſepulture de marbre, & vne Egliſe deſ-
ſoüs le chœur, & vne autre en
Croix où ſont les Chanoines:tout
ſe tient.

En l'vne des places eſt le Dome
vieil & noũueau : au dedans eſt
enterré le Beato Aleſſandro Saü-
le, dans vne Egliſe ſous le chœur
y a des Corps-ſainɕts,entre autres
ſainɕt Sire. San Thomaſo Egliſe

des Dominicains eſt belle.

Dans la place deuant le Dome eſt en bróze Antoninus Pius Empereur à cheual, vn petit chien ſouz vn des pieds du cheual, vne Aigle ſur ſa teſte.

Les Eſcoles publiques ſont belles ; & y a Vniuerſité fameuſe, & pluſieurs Colleges, entre autres celuy du Pape, & celuy de ſainct Charles qui eſt tresbeau, il y a vne belle façade, trois eſtages de cħambres, vne belle ſalle peinte de nouueau. Dans la ville ſe voyent ſept maiſons où y a ſept hautes tours. La grande place eſt aſsez belle. Y a auſſi vn College de Ieſuites. Et ce qui eſt de plus beau, c'eſt le pont du Theuin qui eſt tout couuert & d'admirable ſtructure. Nous y ſejournaſmes le Mardy premier Nouembre, &

gaignaſmes ſur le ſoir les Pardons
à vne petite Egliſe dediée & nommée de Tutti y Santi.

Le Mercredy deuxieſme No-
uembre venu diſner à Caſtel ſan
Giouanni de l'eſtat du Duc de
Parme, à la Poſte, à l'Angelo :
Coucher à Plaiſance à la Poſte, à
l'Ange.

PLAISANCE.

PLaiſance eſt vne grande ville
ſituée dans vne campagne :
s'y voit vn Chaſteau auquel y a
cinq baſtions : la ville eſt fortifiée
moyennement, & y a de beaux
remparts. Il y a vne belle Foire où
tous les Marchands abondent, &
auſſi les Banquiers. Dans la place
eſt vne belle Statuë de bronze où
eſt le Duc dernier mort Ranucio
à Cheual. La place eſt belle, & s'y

voit le Palais de Iustice. L'Eglise
san Giouanni des Dominicains
est belle, & s'y voit vn bel Autel
de la Madona del Rosario sainct
François est beau. Il y a vne autre
belle Place deuant le Dome.

Le Dome est beau à voir, il y a
des peintures du Caraccio. Le san
Vincenzo est aussi vne belle Eglise. Le Conuent des Augustins est
tresbeau dans vne tres-belle ruë,
Les Iesuites aussi se doiuent voir:
Sainct Sixte aussi où est le Tombeau d'Engiberge Royne de Fráce: il y a derriere l'Autel vn admirable Tableau d'vne Nostre Dame faict de la main de Raphaël
d'Vrbin : il faict aussi voir le Dortoir & le Refectoir, & vne Eglise
souz le chœur où y a force Corps
saincts. Faut aussi voir la Madona
de la Campagne, & le Sepulchre,

comme aussi le Palais du Duc, nommé la Citadelle.

Le Ieudy troisiesme Nouembre venu disner à sainct Domin à l'enseigne de S. Georges, & ven en y entrant la Madonna de Stiron. Coucher à Parme au Palais, le train à S. Georges.

Le Vendredy quatriesme Nouembre disné à Parme : Coucher à Regio Ville appartenant au Duc de Modene, à l'Ours, Poste.

PARME.

PArme est situeé dás vne campagne, & n'est commandée de rien : par le milieu de la ville pàsse vne riuiere nommée la parma, y a trois Ponts dessus de pierre : du costé de la porte S. Michel la Ville est fortifiée de bastions

Royaux, n'en manque qu'vn à
faire : de l'autre cofté des ponts
rien n'eft fortifié encores, il y a de
gráds remparts, & des arbres deffus. Il y a vne grande allée couuerte, qui va des rempars à la Citadelle compofée de cinq baftions,
& acheuée horfmis le foffé. D'vn
cofté y a dans la Citadelle plus de
cent pieces d'Artillerie,& en trois
endroits force Armes de pied &
de cheual fort belles : Il n'y manque point de munitions de guerre & de bouche. La ruë de Sainct
Michel eft tresbelle & trauerfe
toute la ville. La Place auffi eft fort
belle, il y a vn bel hofpital, de belles eftudes, & vne Vniuerfité. Les
Iefuites y ont auffi vn beau College.

L'Eglife fainct Iean eft tres-
belle, y a de belles peintures au
haut

haut de la main du Corregio , &
vn tableau dans vne Chappelle
aussi. Il s'y voit trois Cloistres, vn
beau Dortoir en croix, vn beau
Clocher, vne belle Sacristie, & forces reliques Le Dome est tres-
beau. y a au haut aussi des peintures du Corregio, vn beau tableau
dás vne Chappelle, sous le chœur
vne Eglise & des corps Saincts.
Dehors se voit vn beau ancien Baptistaire. A sainct Antoine se voit
vn excellent tableau , la Stacada
est aussi vne belle Eglise, s'y voit
des tableaux del Parmesagnino.
Dans le Palais ancien y a beau &
grand logement, mais mal or-
donné

Le Duc Ranucio dernier mort
en a commencé vn tresmagnifi-
que dedans se voit vne des belles
salles du monde, au bout vn thea-

tre fort diuerſifié d'inuentions &
machines, au tour vn bel amphitheatre, & au fond de la ſalle on y
peut mettre l'eau dedãs pour faire des combats marins, y a deux
belles ſtatuës de deux Ducs de
Parme, y a d'admirables eſcuiries,
& au deſſus de beaux greniers où
les charettes ameinent le foin dedans, y a hors de la ville, mais par
vn pont l'on y va du Chaſteau, vn
beau jardin, vn beau parc, & deux
petites maiſons fort bien peintes
& ornées, deuant vn iardin d'O-
rangers, derriere vn de fleurs, à
coſté vn autre de tresgrands Orã-
gets & en quantité.

REGIO.

REgio eſt ſituée dans vne plaine, la ville eſt vn peu forti-

fiée, le Chasteau n'est qu'vn quarre qui vaut gueres. Y a la Madona qui faict miracles, belle Eglise, aupres vn pillier de pierre qui sert de memoire où elle estoit auant que l'Eglise fust bastie, y a vn beau thresor de presens.

Sainct Prospero est vne belle Eglise, y a de belles reliques, & à vne Chappelle vn beau tableau du Corregio, à vn autre vn de Guido Rins : Le Dome est beau, on y voit les corps des Saincts Chrisante & Darie Martyrs, & vne belle sepulture proche la porte. La place est belle, & la ruë où on tient la foire, & au Palais de Sarufi se voyét à la porte deux belles statuës, dont l'vne est d'Hercules.

Le Samedy cinquiesme Nouembre venu disner à Modene, en passant veu Robiere, place forte au

Duc de Modene.

MODENE.

MOdene eſt ſituée en Cam-
pagne, la Ville n'eſt nullement forte, & n'y a point de Citadelle, il y a force peuple, &
n'y a qu'vne aſſés belle ruë, le Palais du Duc eſt commode, mais
nullement beau : la place aſſez
belle, s'y voit la Maiſon de Ville
où y a vne Salle bien peinte, la
Tour de l'Orloge eſt belle : le Dome eſt beau, Il y a ſouz le Chœur
vne Egliſe, & le corps S. Gemi-
nian : le Clocher eſt tresbeau &
faut môter tout en haut d'où l'on
voit toute la ville & belle veuë :
l'Egliſe des Ieſuites eſt belle : S.
Pierre eſt vne belle Egliſe, s'y voit
vn beau Tableau, au Chapitre vne

Pieta de pierre cuite, & au Dortoir quatre grandes Statües de mesme tresbelles : il y a deux beaux Refectoirs , deux Cloiftres, & vne belle Apotiquerie : dans vne Chappelle nommée S. Pierre Martyr, il y a vn admirable Tableau du Corregio: dans fainct Sebaftien, vne autre du mefme : la bonne Hoftellerie c'eft le Mouton, Pofte. Les habitans ont bafti de beaux fours de nouueau, & le Duc a fait vn Iardin pas trop excellent, Nous y auons difné, foupe, & couché.

Le Dimanche fixiefme retourne difner à Regio à l'Ours Pofte, couchéra à Guaftalla chés le Prince du lieu , beaufrere de Monfieur de Montmorácy, vn tresbeau Bourg, des rues tresbelles, de belles Egli-

C iij

ſes : le Dome, la place & le Chaſteau ſe doiuent voir. Le Prince
auoit comméce à fortifier & clor-
re le Bourg, mais il n'a faict que
commencer. L'Egliſe des Socolanti, & celledey Serui ſe doiuent
voir. Deuant le Chaſteau à la place y a vne belle ſtatüe deux autres
ſe voyent au pied du degré du
Chaſteau, auquel y a vne belle ſalle neufue, & vne belle Chappelle.

Le Lundy entre ſur l'eſtat du
Duc de Mantoue à Lucerra, venu
diſner à Mantoue au logis du ei-
gneur Marquis Carlo Maſeia à la
Piſterla.

MANTOVE.

Mantoüe eſt ſituée en lieu
plain & mareſcageux, tout
au tour y a vn grand lac qui rend

la place inacceſſible, ſinon par des
chauſſées, y a pour y aborder deux
grands ponts couuerts, nommez
l'vn ſan Georgio & l'autre Moli-
ni, & par les autres abordées de
grandes chauſſées couuertes d'arbres.

Gradaro eſt vne belle Egliſe,
le marché ſe doit voir auſſi, le Palais du Marquis Al'urgi Gonza-
gue, ſainct Barnabé, ſainct Mau-
rice & ſaincte Vrſule ſe doiuent
voir. S. François eſt beau, s'y voit
force reliques, vne belle ſepulture, & dans le refectoir vn tableau
du Mantegno. Les Ieſuites ſont
auſſi fort beaux, la place eſt belle,
& la Tour de l'horloge. Le Dome
eſt tresbeau, s'y voyent deux tableaux de deux Conciles tenus
à Mantoüe. Sainct Sebaſtien eſt
auſſi beau. Saincte Barbe, qui eſt

la Chapelle du Palais est tresbelle,
il y a grande quâtité de Reliques.
proche de Mantoüe est cette celebre Abbaye de sainct Benoist sur
le Mantoüan, & aussi la Madonna
des graces Sainct André est aussi
vne tres belle Eglise : là en vne
Chapelle souz le Chœur se voit
du precieux Sang de nostre Seigneur.

Le fauxbourg de Porto est bien
fortifié : dehors est le Palai de la
Duchesse nommé Porto : y a force Orengers dans vn grand iardin,
s'y en voit vn autre petit, & vn
beau bois : Les chambres & salles
sont bien peintes.

La Fontana est vne autre maison du Duc, beau lieu de chasse :
y a vne salle de Sangliers que le
Duc Vincenze le pere de Ferdinand à present Duc a tuez de sa

main. Marmirol eſt vne autre belle maiſon, grand logement: y a vne belle ſalle & force chambres bien peintes: s'y voit vn beau iardin, vn beau bois, vne belle voliere. Au bout du iardin y a vn beau petit logis auquel y a de beaux bains. Goit eſt vne autre belle maiſon du Duc, forte, ſur vn haut, y a vne belle pelcherie, vn beau parc où il y a toutes ſortes de beſtes de chaſſe, le logis eſt garni d'excellentes peintures. Vn beau Conuent de Capuchins s'y voit, & de là vne belle Allée couuerte & droicte qui dure dix milles, & va de là à Mantoüe.

Pogio real eſt vne iolie maiſon bien peinte, beaux iardins, fontaines, & grottes, Orengers, & fleurs s'y voyent, & dedans le iardin vne ſalle à danſer, & vn autre petit lo-

gis de plaisir. Pole zino est aussi
vne belle maison, ces deux cy sont
au Prince Dom Vincenze.

Sur toutes la Fauorite bastie par
le Duc d apresent est belle, y a vn
beau iardin, deux belles pescheries, & de belles peintures dedans
le logis. Le Palais du The hors la
ville qui est au Duc est fort ioly, y
a trois iardins, vne belle allée d'O-
rengers, & vn beau parc, dans le
logis salles & chambres bien peintes: Mais sur tout la sal e des Geás,
où miraculeusement quelque bas
que l'on parle, d'vn bout à l'autre
dans les deux coins l'on entend, &
ceux qui sont au milieu n'enten-
dent rien.

Dans la maison de ville la salle
est belle, & aussi les chambres &
Chappelle du Senat. La Iuifuerie
se doit voir & la Boucherie aussi,

& auffi la falle où l'on ioüe les Comedies.

Le palais eft peut-eftre le plus
grád de prince du monde : y a de
tresbeaux appartemens, celuy du
Duc, celuy de la Ducheffe, & plufieurs autres , efquels fe voyent
force belles peintures , y a cinq
grandes cours, & cinq iardins, dás
l'enclos de belles efcuiries, & toutes fortes de commoditez, & pa-
roift mieux vne ville qu'vn logis.
Il y a vne belle gallerie où font de
belles peintures , au bout de laquelle y a trois cabinets, dans lef-
quels eft vn threfor de fingulari-
tez admirables, y a auffi mil belles
chofes & de grand prix dans les armoires de la falle des miroüers,
vne autre gallerie ou falle neufue
s'y voit dans laquelle y a quantité
d'anciennes ftatuës & peintures,

originaux des plus excellens mai-
ftres. Se voit grande quantité de
cabinets, oratoires, & beaux departemens peints, meublez & ri-
chement accommodez. Et fur tout
la falle de la Scene des reprefenta-
tions, où fe voit quand il plaift au
Duc, tout ce que l'on peut faire de
beau & represérer au naturel. Pour
voir tout ce que deffus, y auons feiourné le Mardy, & Mercredy
huictiefme & neufiefme Nouembre, la bonne hoftellerie de
la ville c'eft le pauone.

Le Duc nous fit voir vne belle
Scene d'excellens artifices, la premiere eftoit vne Scene de Mufi-
que, Balets, & Combats, la fecon-
de vne Nuict, la troifiefme vne
Mer, & le paradis ouuert, force
Mufiques, artifices, & le bal pour
intermedes.

La Virgiliane maison du Duc nó
acheuée, lieu de Virgile. se doit
aussi voir par curiosité.

Le Ieudy dixiesme Nouembre
disne à Verone au logis du Capitaine grand, de la Republique de
Venise, & entre sur ledit Estat à
S. Zenon, couche à l'hostellerie
du Caualleto.

VERONNE.

VEronne est vne tresgrande
ville situëe en païs plain vne
partie, & l'autre des montagnes
encloses. Dans la ville y passe la
Dese riuiere, & couppe la ville en
deux ou trois endroits, il y a quatre beaux ponts de pierre.

Il y a trois forts Chasteaux, l'vn
en bas nommé Castelvechio, l'autre sur vne montagne nommé san

Pietro, & l'autre ſur vne autre plus
haute montagne proche de l'autre nommé ſan Felice, cettuy-cy
eſt le mieux fortifié. L'arene eſt
vne tres-belle choſe & tres-anti-
que. La place du marché eſt belle,
s'y voit vne belle tour de l'horloge. Le Gueto des Iuifs ſe doit voir.

Y a dans vne grande place vn
beau Palais commencé pour le
Doſe de Veniſe. Vne autre petite
place ſe voit où ſont les Palais du
Podeſta, & celuy du Capitan grãde. Il y a dans l'enclos de la ville
vn grand quartier delà l'eau nommé fauxbourg ſainct Lin. Faut
auſſi voir le Palais du Comte Iuſti,
& la ſalle, les cabinets & peintures
excellentes qui y ſont, & auſſi le
iardin & grottes.

Le Dome eſt beau, il s'y voit
quelques belles ſepultures. Santa

Anaſtaſia eſt auſſi vne belle Egliſe il s'y voit de belles Chappelles Sanca Euphemia eſt auſſi forc belle. Dans le Palais du Comte Gregorio Beuilaqua y a vne gallerie où ſe voit force beaux tableaux, ſtatuës, medailles, & rarerez y a deux Academies, vne des Lettres, l'autre des Armes, la ruë du Cours eſt tresbelle.

Le Vendredy vnzieſme Nouembre diſner à Villeneufue dans vne Abaïe de Moynes blancs de ſainct Benoiſt. l'Hoſtellerie a nom l'Hoſtellerie de Villeneufue ſans enſeigne, coucher à Vicenza au Capello.

VICENZA.

Vicenza eſt vne Ville ſituée en plaine belle, bien peuplée & de moyenne grandeur, à

trois lieuës pres fe voit la maifon
d'vn Caualier où par des Canaus
vient du vent frais tant & fi peu
que l'on veut dans la Salle & Châ-
bres : on y voit vn beau Theatre.
La place de l'Ifle eft belle, Sainct
Laurent eft vne belle Eglife, il y a
deux Riuieres, & quatre Ponts de
pierre : Il y a vn beau Iardin plein
d'Orāgers du Comte Valmarana :
dehors la Ville eft vn lieu où fe tiét
la Foire nommé Campo Marzo,
où y a pour entrer vne belle
porte.

Le Dome fe doit voir, le grand
Autel eft beau, & vne Eglife fous
le Chœur la place eft belle, & le Palais du Podefta, la Tour auffi. Le
Palais du Capitaine fe doit voir
auffi : Celuy de Iuftice eft tres beau,
& y a vne belle grande Salle : Dans
l'Oratoire de la Madona y a de belles

les peintures. S. Eftienne eft vne
belle Eglife : l'on doit auffi voir el
Monte de la Pieta, ou l'on prefte
de l'argent.

Le Samedy douziefme venu difner à l'Hoftellerie Alefega, où fe
voit vn beau Palais du Seigneur
Dionifio Contatini, beaux iardins
& vergers, coucher à Padouë à la
Stella.

PADOVE.

PAdoüe eft vne tres-gráde Ville, qui eft fituée en lieu plain,
vn quart de lieuë autour c'eft toute planure, il y a côme deux Villes.
La vieille eft enceinte de vieilles
murailles : Et tout au tour eft enuirónée de la Riuiere Brenta, qui eft
nauigable : & de là on va à Venife
par eau, fe voit en vne petite place

D

vne maiſon où l'on preſte argent,
nommée Móte de la Pieta, & proche le Dome , auquel ſouz le
chœur y a vne Egliſe, & le corps de
S. Daniel , y eſt dans vn Autel de
Marbre, la place de la Seigneurie
eſt tresbelle,& s'y voit vn tresbeau
Palais où loge le Capitaine. Il y a
vne autre place nommée la place
du vin là ſe voit le Palais du podeſta où y a vne tresbelle Salle. S'y
voit auſsi le Palais de Iuſtice,où eſt
vne Salle la plus grande qui ſoit
dans la Chreſtienté , Se voit en vn
bout la Statuë de Tite Liue,& celle
d'vn Meſſer Spar , les Eſcoles ſont
belles, l'on y voit vn beau Theatre, c'eſt vne court en quarré, la
place du bois ſe doit voir,& auſsi la
place du foin, il y a dans la Ville
quinze ou ſeize Ponts.

Il y a vne autre belle Place nom-

mée le Pra de la Valle , au bout de
laquelle l'on voit l'Eglife de faincte Iuftine. Il y a vn beau Threfor
de Reliques & Corpsfaincts, Entre autres le Corps de S. Luc, vne
Eglife fouz le Chœur où eft le
Corps de fainte Iuftine, & dans
d'autres Autels force Corps, c'eft
dans le Chœur. Les Chefes des
Chanoines font tres-belles, & le
Tableau du grand Autel eft de la
main du Veronefe, il y a vne autre
ancienne Eglife, il y a quatre Cloiftres, vne belle Bibliotheque , la
Chapelle San pradoximo , & aupres vn Puits & vne Caue pleine
de Corpsfaincts.

Le Iardin des fimples de Mede-
cine eft tresbeau. Il y a vne fameu-
fe Vniuerfité de toutes fciences.

L'Eglife fainct Antoine eft tres-
belle, deuant la porte y a vne Sta-

tuë à Cheual nommée Onus Do-
natelli, l'autel de fainct Anthoine
eft tresbeau, & tout au tour la vie
du Sainct en figures de Marbre,
l'Autel du grád Chœur & les Chefes fe doiuent voir: Il y a dans la
Sacriftie vn grand Threfor de
Reliques. Et prefens, il y a vn
Chafteau qui n'eft pas fort ny
beau.

Au tour des vieilles murailles,
y a vn chemin de ronde beau &
remarquable. L'Academie des
exercices eft belle, il y a vne belle
Salle.

Faut voir l'Eglife S. Auguftin,
& celle des Heremitani. L'arene,
le Palais & Chappelle qui eft dedans font dignes d'eftre veus : Le
Gueto où font les Iuifs, & le Port
fe doiuent auffi confiderer.

Le Dimanche treiziefme No-

uembre difne à Padoüe à l'Eftoille, coucher à Venife chez Monfieur l'Ambaffadeur de France.

VENISE.

VEnife eft vne Ville trefgrãde
& peuplée, fituée au moins
large, cinq mille en Mer & baftie
fur pilotis: La place de fainct Marc
eft tresbelle, s'y voit vne belle
Horloge auec deux Statües de
bronze qui fonnent les heures.

L'Eglife de fainct Marc eft tres-
belle, vn peu obfcure: dedans &
dehors font toutes peintures à la
Mofayque: on va tout au tour de
l'Eglife dedans & dehors par des
Coridors: Il y a deuant le portail
en haut quatre Cheuaux d'airain.
Le Threfor de fainct Marc eft

admirable en richeſſes, Reliques
& pierres precieuſes.

Au bout de la Place ſe voit le Palais de ſainct Marc, le logis du Doſe, les Salles du Conſeil, College
des pregadi Quaranties vieille &
neufue, Ciuile & Criminelle, la
Salle du Conſeil des dix, & les Salles d'Armes, l'vne d'Eſpées & E-
ſtocs, l'autre d'Arcs, Arbaleſtes, &
Piques, en laquelle ſe voit vne
porte qui s'ouure auec vn merueil-
leux artifice: Il y a auſsi vn artifice
de fer qui auec des reſſorts allume
de ſoymeſme pluſieurs meſches.
Il y a vne Enſeigne priſe par vn Doſe de Veniſe ſur Federic Empereur.
Il y a vne Statüe à Cheual d'vn nómé Gatta Mela, il y a vne autre
Salle pleine d'Arbaleſtes & Hale-
bardes, il y a vn admirable Miroir.
Dans vne autre Salle ſe voit deux

belles Statües. Dans la place fau
voir le lieu nommé la Procuratic
ou lieu des Procureurs de la Re-
publique, & aufsi la Secca ou Mon-
noye.

Il faut aufsi monter fur le grand
Clocher de S. Marc, de là on voit
Venife & lieux circonuoifins , le
Pont de Realte couuert au milieu,
& defcouuer des deux coftés eft
tresbeau, l'Eglife de fainct Iean, &
fainct paul eft belle, il y a de beaux
tableaux, vne belle facade, & aufsi
fe voit la Statue de Pompée Iufti-
nien, il y a deux belles fepultures,
vne Noftre-Dame bien belle; & la
Statüe de Bartholomæo Colefne-
la de Bergame.

S. George eft hors la Ville dans
la Mer quatre cens pas , & eft vne
tres-belle Eglife, il y a vn beau
Chœur & de belles chefes, & de

beaux Cloiſtres. San Franciſco eſt
auſſi vne belle Egliſe : Cóme auſſi
ſainct Saluator Egliſe des Capuchins. Dans la Iudeca vn peu hors
de Veniſe, dans la Sacriſtie y a de
beaux Tableaux : & en vn coin vne
belle Noſtre-Dame.

Le Palais Vendermine ſe voit
auſſi, là aupres où ſe voit vn beau
Iardin. Dans la Mer, l'Egliſe Pa-
triarchale de ſan Pietro du Caſte-
let, le logis du Patriarche n'eſt
pas grand choſe : le guet des Iuifs
& le mont de la Pieté ſe doiuent
voir.

Muran eſt vne grande ville dans
la Mer à demy mille de Veniſe : là
ſe font les beaux verres de Cri-
ſtal, & chantent vne agreable
Muſique de tres-belles Religieuſes.

A Malamoco eſt vn tres-beau

& bon port à deux mille en Mer
de Venize: là ils tiennent leurs Galeres & vaisseaux en Mer: y a vne
petite Tour nommée la Roquete,
qui môstre le chemin du Port aux
vaisseaux quinze mille en Mer, &
vn petit lieu qu'ils nomment in
Valle où le Poisson se garde en
Mer, & est r'enfermé.

Sainct Georges est vne autre
belle Eglise allant à Chafousine
deux mille en Mer, le Lido est encores vn mille en Mer, c'est vn beau
Pott où y a deux Citadelles. Les
Poudres se font, & se gardent en
vn lieu seul nommé sant Angelo
Christo de Prouesa, est vne deuotion en Mer, à deux milles de la
ville.

Sainct Sauueur proche Realte
merite d'estre veu: Mais sur tout
l'Arcenal. Il y a dans vne Salle

ſeparée en troisdequoy armer cinquante Galeres & douze Vaiſ-
ſeux, & au deſſus dequoy en armer
autres cinquâte. Deux Salles hautes & baſſes, cordages de Gallere
& Galions, vne autre Salle de Voil-
les pour cent Galeres: Vne autre
où des femmes les couſent, vne
autre pleine de vin: Dehors y a des
fers & ancres, vne autre qui ſert de
forges, Deux Salles de chanures,
mas, & gros cloux, deux où ſe font
les auirons, autre d'auirons faits.
Magazins de bois en quantité, autre Salle à faire auirons. Tout au
tour & dans de grandes haſles y a
Galeres vieilles, neufues & autres
qui ſe font, ou ſe raccommodent,
& force bois, vne grande galerie
de chanure où ſe font les cordages: vne Salle pleine de poix, autre de ſalpeſtres, autre Salle pour

armer cinquante Galeres, autre de bois pour les Galeres.

En plusieurs Salles y a dequoy armer soixante & dix mil hommes de pied, & six mil hommes de Cheual, y a plusieurs Salles de Canons de toutes sortes, gros infiniment, & de grande longueur, autres moyens & de petits, il y en a plus de huict cens en diuers lieux, il y a vne infinité de balles de tous calibres, il y a vn gros Canon qui tire trois coups à la fois, vn petit sept. Autre Salle à armer douze Galeasses, autre Salle à armer cinquante Galeres. Dans vne Court y a Artillerie & bois, autre Salle de cordes, Salle de Timons, autre d'arbres de Galere. On mit deuant mondit sieur le Prince vne Galere en Mer, on en commença & acheua on au moins du bois, vne en moins de deux heures.

Salle d'enthenes de Galere, dans vne eſt le vieux Bucentore, dans vne autre le neuf beaucoup plus beau : Autre Salle d'auirons, & autres menus ſuffrages de Galeres : Il y a ſix fonderies. Nous viſmes dans vn meſme moule tout à la fois fondre ſix Canons.

Il y'a dans la Ville trois belles Salles, Eſtudes & Chambres: l'vne au Palais Vendermine, l'autre chés Carlo Rouſini, l'autre chez Bartholomeo de la Naue, dans leſquelles ſe voyent force Statuës, tableaux, medailles, pierreries, raretez, & ſingularitez infinies : Faut voir auſſi la Salle des Statuës, & la Librairie de S. Marc: Comme auſſi la Sacriſtie.

Il y a vn Colombier d'admi-

rables Pigeons, chés vn nommé
Iehen Petro Murana : Faut voir la
Boucherie, les ruës des Orfeures,
marchandifes de toutes fortes, le
Fondeco des Allemans, le lieu des
Turcs, & mille autres chofes dignes d'eftre veuës dans cefte admirable Ville de Venife, en laquelle eftans arriuez, le Dimanche treiziefme Nouembre, nous
y auons feiourné iufques au Ieudy
vingtquatriefme Nouembre, lo-
gez à Ca Cornali Calle Sporca à la
riua del Carbon.

Le Palais Grimani fut donné
pour logement par la Republique
audit Sieur Prince : les bonnes
Hoftelleries font l'Efturgeó, l'Aigle & l'Hiftriana : San Spiritu en
Mer, la Chartroufe, & l'Eglife S.
Benoift in Lido : Se doiuent auffi
voir.

Le Vendredy vingtcinquiefme
Nouembre parti de Venife, difner
à Chiofa ale due fpade tout du lóg
du chemin, l'on voit force Ifles,
Maifons, Eglifes & Iardins.

CHIOSA.

CHiofa eft vne ville baftie dás
la Mer comme Venife, on y
va dedaus par canal & par terre, il
y a vne belle ruë, c'eftvne Euefché.
Le Dome eft beau, il y a derriere
l'Autel de belles peintures, fainct
François & faincte Catherine fe
doiuent voir. Il y a auffi vne belle
Tour proche, allant plus auant eft
la Madona de Chiofa, Le Palais
duPodefta eft auffi affés beau, coucher à le Papoze à l'Aquila, là y a
vn Palais du Marquis Iulioli, eftat
du Pape.

Le Samedy vingtsixiesme Nouébre coucher par eau à Ferrare, sejourné le Dimanche vingtseptiesme, logé à l'Angelo.

FERRARE.

FErrare est vne grande ville située en vne plaine, il y a des fossés pleins d eau & deux Canaux qui vont l'vn à Boulogne, & l'autre au Pau, la ville est forte, & a par tout de beaux ramparts, auec vne moitié plâtés en allées, promenades & lieux de plaisance, entre autre la Montagnole.

Il faut voir vne place nommée la Place-neufue, il y a de belles ruës. & de beaux Palais, entre autres celuy du Diamant qui est au Duc de Modène auquel y a vn beau Iardin, il y a la place de la Ville, Faut

voir le Chasteau dans lequel est
dans la Cour en peinture les Ducs
de Ferrare, & au dernier n'y auoit
plus de place pour en mettre d'autres: Faut aussi voir le Palais deuát
lequel sont deux Statues, l'vne
d'vn Duc, l'autre d'vn marquis de
Ferrare, elles sont de bronze,
faut aussi y voir la tour de l'Orloge.

Le Dóme est vne grande Eglise,
les Iesuistes & Chartreux sont
beaux, mais sur tout l'Eglise de
sancta Maria del Vado est belle, là
se voit contre vne muraille du ság
de nostre Seigneur sortu d'vne Ho-
stie. Reste la Citadelle, c'est vne
place parfaite composee de cinq
bastions reguliers: il y a dedans
vne belle Eglise, de beaux logement pour les soldats: dans vne
salle y a armes à armer ving mille
hommes

hommes de pied & cinq cens cheuaux. L'hospital est beau, vne salle
à faire poudre, autre de salpestres,
& pois, halle d'Artillerie où y a
cent cinquante pieces de toutes
sortes : autre de moulins à bras:
autre de fonderie: autre de proui-
sions de bois, & toutes choses ne-
cessaires pour la conseruation d'v-
ne place.

Le Lundy vingt huictiesme Nouébre disner à Mal Albergo, coucher à Boulougne la Grasse à l'hostellerie du Pellegrin.

BOVLOVGNE.

BOulougne est vne tres belle
ville situee dás vne plaine proche de quelques montagnes d'vn
costé tres-grandes, & de l'autre
de quelques Collines: Il n'y a nul-

E

le fortereſſe , ramparts ny baſtions, mais ſeulement vn foſſé &
vne bonne muraille, elle eſt fort
grande, & y a grand peuple, & vne
celebre Vniuerſité , pluſieurs
beaux Colleges , mais ſur tout
les grandes eſtudes ſe doiuent
voir.

La Place eſt tres-belle, l'on y
voit la belle Egliſe San Patronio:
l'on y voit le Palais du Pape grand
& ſpacieux, où deuant la porte eſt
de bronze la ſtatue d'vn Pape : il y
a dans le Palais de belles ſtatues: il
y a dans la place vne belle fontaine, de l'autre coſté ſe voit le Palais de iuſtice, la Tour de l'Orloge auſſi, & vne autre au Palais de la
Iuſtice.

Les Hoſpitaux de la mort & de
la vie ſont beaux, & dás l'vn y a vne
Image de la Vierge miraculeuſe:

Dans la ville fe voit vne autre tour
nommee de li Afinelli fort belle:
L'Eglife & Conuent fainct Dominique, Cloiftres , & Dortouers
font beaux: Dans l'Eglife les chaires & vn autre lieu proche l'Autel
font d'admirables peintures de
bois de pieces rapportées fans
peinture. Le refectouer eft auffi
fort beau, s'y voit le Corps S. Dominique, fa tefte, & autres reliques: En vn autre endroit vn puis
qu'il a fait baftir, &vn Cipres planté de fa main.

Au Conuent des Religieufes
faincte Clere fe voit vn corps d'v-
ne Religieufe Beate affife & auffi
entiere depuis deux cens ans, que
fi elle ne venoit que de mourir.
Hors la ville faut voir les Capuchins, & proche vn noble Conuét
de S. Benoift nommé San Michel

in Bosco, il y a vne belle court, de
belles escuries, vn dortouer , vn
beau refectouer, de beaux cloi-
stres:Entre autres vn petit en rond
auec admirables peintures, l'Eglise est belle, & y en a vne dessous:la
Sacristie est tres belle. Le Dome
nommé San Pietro est beau,le Có-
uent de Y Serui est beau, il y a de
beaux cloistres, refectouer, dortouer, & vne belle & grande E-
glise.

La ville est réplie de belles rues,
de grande quantité de beaux Pa-
lais:Mondit Sieur le Prince y se-
journa le Mardy vingt-neufiesme,
& le Mercredy trentiesme Nouembre iour sainct André, où il
vit le Senat,le matin à la Messe en
ceremonie auec le Vicelegat : &
apres disner vne feste où les cheuaux courent vn prix à l'enuy que

l'on appelle le Pallium.

Le Ieudy premier Decembre difner à Immola à l'image S. Georges: la ville eft petite, fituée en
plaine peu forte, il y a murailles &
foffés feulement, il y a de belles
rues. Le Dome eft beau il s'y voit
vn admirable Crucifix: deffous le
chœur y a vne Eglife & trois corps
Sainéts, & vne petite forterefle.

Par les chemins apres difner
trouuafmes vne petite ville nommée Caftel Bolognefe, & à droiéte
vous laiffez la Cotignola, où n'y a
rien de beau que le Palais du Cardinal Gimnafio. Couche à Faenza
à l'hoftellerie de la Stella.

Le Vendredy deuxiefme De-
cembre difner à Rauenne, coucher à Rauenne à l'hoftellerie de
la Rota.

E iij

FAENZA.

FAenza est vne ville située en plaine, & n'a forteresse que murailles & fossez. La place est belle, le Palais aussi. Au milieu de la place est vne belle fontaine. La tour de l'Orloge se doit voir: les rues sont assez belles. Le Dome est fort beau. Là faict beau voir faire la vaisselle de Faience de toutes sortes.

RAVENNE.

RAuenne est vne grande, ancienne, & renommée ville, situee fort bas en plaine à trois milles de la Mer, y passe deux riuieres, le Fiume mouton, & l'autre el Ronco. Elle n'est point forte, &

n'y a que simples foffez & murailles.

L'Eglife fainct Apollinaire eft
belle: tout du long par en haut y a
œuures à la Mofaïque,& vne tefte
de Iuftinian à la Mofaïque,il y a de
belles Reliques. Proche font les
veftiges du Palais de Theodoric
Empereur.

L'Eglife de fainct Iehan Euan-
gelifte eft belle: la porte fe doibt
bien confiderer:il y a vn autel deffous le grand confacré par fainct
Iehan mefme.

L'Eglife de fan Spiritu eft tres-
deuote:Il y a vne feneftre par laquelle le fainct Efprit defcendoit
en forme de Coulombe fur ceux
qui deuoient eftre eßeuz Euefl-
ques, fur vne pierre qui y eft encore,le dernier fut fan Seuero duquel l'image eft peinte au naturel

dãs vn petit coin : Les images def-
dits Euefques font auffi peints,
contre la muraille.

San Vidal eft vn tres-beau Conuent : l'Eglife eft tres-belle, elle
eft comme deux rotondes : il y a
vn autel de Calcedoine, & derriere vn puits où eft fan Vidal, ie
grand Autel eft tres beau : à l'entrée du chœur y a do belles colomnes de marbre, dehors fe voit
de petits idoles des Payens, & dans
le iardin vne Chapelle où font
deux Sepulchres, de Galla Placi-
dia l'vn, l'autre de fes enfans : les
Cloiftres & le refte du Conuent eft
fort beau.

Dans la ville y a vn Prouerbe
qui dit, *Cerca la Maria à Rauenna,*
cela vient d'vne petite femme de
marbre contre vne muraille, &
vn petit Caualier qui n'a plus de

nez qui luy tourne le cul, & par mocquerie l'on en a faict ce Prouerbe.

Le Dome est fort ancien : deuant la porte y a vne Pyramide en memoire de l'entrée de Clemét VIII. Il y a vn beau clocher. Derriere l'Autel sont les images à la Mosaïque de ces anciens Euesques faits par le S. Esprit qui descendoit en forme de Colombe. La Chapelle du Cardinal Aldobrandin est bien peinte & ornée. Le Baptistaire proche l'Eglise est tres-beau & ancien.

La place de la ville est belle, il y a vne cuue de marbre où autresfois ont esté les cendres de Theodoric. Il y a vne petite forteresse quarrée & quelques tours & fossez, ce n'est pas grand chose. Au Conuent sainct François

eſt le Sepulchre du Poëte Dante a-
uec quelques inſcriptions. La porta aurea a quelques antiquitez. Au
Palais de l'Archeueſque eſt vne
Idole des Payens par dehors: Et en
vne place vne figure d'Hercules
tres-belle.

L'Egliſe Santa Maria in Porto
eſt tres-belle: Au refectouer y a vn
beau tableau; Il y a vn beau Cloiſtre à deux eſtagrs. Au Dortouer
eſt vne chábre où deux Papes ont
logé & faict des Cardinaux. Dans
vn beau Balcó y a Veniſe en peinture, & Tramiti ville en Labrazo
appartenant aux Moines de cette
Egliſe qui ſont Chanoines reguliers de ſainct Auguſtin.

Le Palais du Pape qui eſt dans
la place eſt auſſi fort beau & lo-
geable.

Le Samedy troiſieſme Decembre difner in Valle, paffe dans cette notable foreft de Pins, paffe le Pirotolo & la Mona riuieres, veu la tour de Primaro, paffe le Pau, & entre dans le marais fallé en barque. Veu in Valle ces notables pefcheries d'Anguilles de grande valeur. Arriue par eau falée à Commachia ville du Pape fituée en Mer prefque comme Venife ; La place eft belle, & la tour de l'Horloge, le Dome eft beau. Et aux Capuchins y a vne Noftre-Dame qui fait miracles. Les rues font belles, en la plus part on y peut aller par terre & par eau. Auant qu'arriuer à Cómachia on voit le Cafete maifó de plaifance des Ducs de Ferrare autrefois, maintenant au Pape, fituée dans l'eau, l'hoftellerie fe nommo le Capello.

Le Dimanche quatriefme De-

cembre retourner difner à Raüé-
ne, & apres difner veu l'ancienne
Eglife de Claffi à trois milles de
Rauenne , l'on y voit vne belle
Tour qui fert de Clocher : au milieu de l'Eglife eft vn puits où font
plufieurs Martyrs: à vn coin fe voit
la forme du pied de fainct Gregoire : l'Autel eft tresbeau, derriere y a de belles peintures à la
Mofayque, il y a dans l'Eglife de
belles coulomnes de marbre blãc:
il y a plufieurs vrnes & fepultures
anciennes , fe voit encore la place
des Empereurs. Deffous le grand
Autel en vne baffe Chappelle eft
le Corps de fainct Apollinaire.

Se voit fur la main gauche vne
foreft de Pins. L'on trouue plus
auant vne petite ville nommée
Ceruia, là fe font les fels, Euefchè
bonne. Venu coucher à Porto Ce-

ſenatico bon port de Mer au Pape, à l'hoſtellerie del Sole. A main droite laiſſons les villes de Forli, Britonoro, Sarſina, Forlinpopoli, Breſigalia , & Ceſena.

Le Lundy cinquieſme Decembre diſné à Arimini à l'hóſtellerie de la Rota.

ARIMINI.

RIMINI eſt vne belle grande Ville ſituée au bord de la Mer : il y a vn port fort mauuais : elle n'eſt nullement forte , il n'y à que murailles ſimples & foſſez. Dans le fauxbourg ſe voit l'Egliſe ſainct Iulien où le corps du Sainct eſt dans vne arche de pierre là miraculeuſement venuë , & vne pier-

re que l'on mettoit au col des Martyrs pour les noyer.

De là trouuez vne petite riuiere nommée Marechia ſur laquelle
y a vn pont commencé par Augu-
ſte, acheué par Tybere, où ſe voit
d'anciennes inſcriptions, il y a de
belles ſtatües.

La place eſt belle, il y a la ſtatue
de bronze du pape Paul, deux fontaines, le Palais du Pape, le Mont
de la pieté, de beaux greniers ba-
ſtis de neuf. Plus auant eſt le Dome : & à gauche vn petit Chaſteau
pas gueres fort. L'Egliſe ſainct Auguſtin eſt belle, il y a deux beaux
Cloiſtres.

La place du marché eſt belle, là
ſe voit la tour de l'Horloge, & vne
pierre où eſt eſcrit le lieu où Ceſar
harangua ſes ſoldats apres auoir
paſſé le Rubicond : & proche vne

petite Chapelle en memoire d'vn miracle faict par sainct Antoine de Padoue il y a vn arc ancien, d'vn costé y a deux testes & vne vache, de l'autre deux autres testes & de vieilles inscriptions. A san Marino y a de belles peintures. Sainct Fráçois est beau: c'est vne belle facade d'Eglise toute de marbre, deuant la porte est le sepulchre d'vn Beato, au Cloistre y a de vieilles peintures du Gioto.

Proche la ville y a vne montagne nommée Cauuegnino où y a belle veüe & plusieurs Monasteres. Passe à la Catholique, veu à droite Gradaro. Entre sur l'estat d'Vrbin, couche à Pesaro au Palais du Duc d'Vrbin: La bonne hostellerie est la poste à l'enseigne du Sole.

PESARO.

PÉsaro est vne fort iolie villé
situéé en plaine: elle est for-
tifiéé de cinq beaux bastiós,
pourtant assez esloignez l'vn de
l'autre: elle a bonnes murailles &
ramparts, vn petit Chasteau pas
trop fort, vn port de Mer assez bó.
Le fleuue Foglia ou Isauro y passe,
sur lequel est vn beau pont com-
posé d'vne seule arche.

Le Palais du Prince est fort beau:
c'est vne cour quarree, il y a vne
grande statue de marbre blanc dás
la cour. La place est tresbelle:vous
y voyez sainct Dominique, & le
palais des Gouuerneurs,&vne tres-
belle fontaine.Il y a vne tres-belle
escurie à vn des bouts de la villé,
qui est au Duc, où rangent cent
Cheuaux

Cheuaux à l'aife. Barcheto eft vne
petite maifon dans la ville, qui eft
au Duc, où il y a vn beau iardin &
fontaines.

Mille fleur proche la ville eft vne
maifon bié iolie : il y a tout au tour
en liberté toutes fortes d'animaux, comme Cheureux, Lieures,
Faifans, & perdris. Il y a deux ou
trois iardins, de belles fontaines,
vne grotte, vn referuoir, vne ga-
renne, & des Orangers.

A la Chapelle del Nome de Dio
y a vn tableau del Barochio, à S.
André vn du mefme. Au DOME eft
le fepulchre de fan Terentio Pou-
lonnois. Il y a de tres belles rues
& nettes. Proche la ville le Prince
à l'Imperiale & la Vedita, maifons
dignes d'eftre veuës.

Le Mardy fixiefme Decem-
bre coucher à Vrbin au Palais, la

F

bonne hoſtellerie eſt la Poſte à la Stella.

VRBIN.

VRbin eſt vne ville dans les montagnes, haute & baſſe, de difficile accés , fortifiée en quelques endroits de quelques baſtions, le reſte murailles ſans foſsez. Il y a vne vieille Citadelle toute deffaicte. Le Palais eſt fort beau. Il y a vne belle Bibliotheque, & entre pluſieurs liures manuſcripts vne admirable Bible Hebraïque, & vn pourtraict de Raphaël d'Vrbin faict de ſa propre main.

Deuant la place ſe voyent les ſtatues des Ducs, & proche de là ſous terre, vne Egliſe où au grand Autel eſt vn beau Crucifix, & à

main gauche la fepulture du Duc,
& en vne petite Chapelle le fainct
Sepulchre tres-bien faict.

San Dominique eft vne belle
Eglife: à l'Autel du Rofaire y a vne
belle Noftre-Dame en ftatue. Le
Duc demeure à vn lieu à dix milles
de là nommé Cafteldurant qui
merite eftre veu. Le Dome eft
tres-beau, il y a fur le chœur de
belles peintures : en vne Chapelle à gauche y a vn tableau del
Barochio. La porte Balgona eft
tres-belle.

A fainct François y a trois tableaux del Barochio. Il y a dans la
ville vn beau iardin au Duc, vne
belle fontaine dehors. L'Eglife sá
Bernardino merite eftre veuë. & à
faincte Clere vn tableau de Raphaël : les rues font belles.

Le Mercredy feptiefme Decem-

bre difner à Froſſombrone à l'hoſtellerie de ſainct Marc Poſte. Auāt
qu'y arriuer ſe trouue ce celebre
Fleuue Metauro, & la via Flaminia qui paſſe dans les Rocs de la
Montagne de Forlo eſcarpée auec
le marteau. Apres l'on void vn
grand Parc du Duc fermé de
murailles , où ſont toutes ſortes
d'animaux.

FOSSOMBRONE.

FOſſombrone eſt vne ville mō-
tueuſe, il n'y a que de ſimples
murailles, il y a vn vieux Chaſteau
fort haut rompu: Il y a vne petite
place, & au deſſus le Palais du Duc
d'Vrbin.

Le Dome n'eſt pas trōp beau, il y
a vne belle rue & vne belle maiſō
de Ville allant à Fano hors la por-

te eſt le iardin du Duc.

Marchant veu à main gauche Faᵗ no belle grande ville, & à droite Nocera, qui ſont au Pape. Coucher à Senogallia, qui eſt au Duc d'Vrbin à la Poſte hors la ville à l'enſeigne de la Fortune.

SENOGALIA.

SEnogalia eſt vne ville du Duc d'Vrbin, tres bien fortifiée: Il y a vn tres bon port, & vn grand baſtion qui le couure: La ville eſt circuite de cinq autres baſtions, & vne fortereſſe à vn coin aſſez bonne. Le fleuue Neula entre dans le port, il y a hors la ville vn pont pour le paſſer.

La place, le Dome, S. Martin, & les belles rues, & le Palais du Duc tout neuf, eſt tout ce qui eſt digne d'eftre veu.

Le Ieudy huictiefme Decembre difner à Ancone à la Campana, Pofte, terre du Pape.

ANCONE.

ANcone eft vne grande ville montueufe, les rues en font affez belles haut & bas, elle a de bonnes murailles, & quelques bouleuarts: il y a deux forterefles qui commandent auec de l'artillerie au port de Mer, qui eft tres-excellent.

Le Palais du Pape eft affez beau, il y a vne petite place: la loge des Marchans eft tres-belle, & de belles peintures, la porte en eft bien iolie: Il y a vne autre petite forterefle, il y a vn Arc antique fait par Conftantin, où fe voit d'admirables pieces de marbre, & des inscriptions effacées: Il y a vne espece de Grotte & vn autre petit fort montant au Dome où l'on garde les poudres.

La Salle des Comedies est belle, le Dome est tres-beau, il y a vne statue de la Resurrection sur le grand Autel tres-belle, & a vne autre force Reliques en vne Chapelle sous terre y a force Corps saincts Et entre autres le Corps entier d'vn Beato Antonio. Au Conuent des Religieuses san Bartholomeo, y a bonne musique.

La Maison de Ville est belle, & San Francisco aussi, la place est belle: Nous vismes aussi vn gros Caillou plein de poissons: coucher à Lorete au Lion d'or, Poste.

F iiij

LORETE.

LOrete eſt vn bourg ſitué ſur
vne haute montagne, & n'y a
rien de remarquable que la ſaincte
Maiſon où naſquit noſtre Seigneur, elle eſt toute en ſon entier
ornée par dehors de ſtatuës & ouurages de marbre excellens : Il y a
des peintures & grandes richeſſes,
tant à la Chapelle qu'à la Sacriſtie,
& quelques Reliques : Entre autres
des plats de la Vierge, l'Image eſt
belle, on voit la feneſtre où l'Ange
fit l'Annonciation, par dedans y a
des peintures de la main de ſainct
Luc.

　L'Egliſe de dehors eſt belle, ornée de belles peintures : Le Palais
eſt vn beau commencement, la
caue & les greniers ſont beaux :

la place eſt belle : la fontaine & la ſtatuë du rape Sixte s'y voyent : Les portes & les fons ſont beaux.

Le Vendredy neufieſme ſe-journé à Lorete , faut voir le Crucifix de Siron à cinq mil pres.

Le Samedy dixieſme Decem-bre diſner à Ciuita noua maiſon ſeule ſur le bord de la mer, paſſe à porte Dafermo & à Marano, cou-cher à le grotte à l'enſeigne ſainct Marc ſur le bord de la mer, force Orangers.

Le Dimanche vnzieſme Decem-bre allé pour paſſer le Tróto : mais les eaux eſtans trop grandes, de-meure à coucher au port Daſcoli meſchant logis.

Le Lundy treizieſme Decem-bre paſſe le Tronto à la tour de

Martin Segur, là entre dans La-
bruzzo Royaume de Naples au
Roy d'Espagne, là faut prendre
des Buletes & faire marquer vos
Cheuaux, disner à Iulia Noua petite ville au Duc d'Adria subject à
l'Espagne: Là se voit vne Eglise en
rond dessus & dessous, & vn beau
iardin, l'hostellerie est la derniere
maison de la ville, & n'a point d'enseigne.

En passát apres disner, se voyent
les vestiges d'vne ville nommée la
Lama de Gauan abismée pour les
pechez d'vn qui retenoit par force
le bien de l'Eglise : Couche à Sali-
nes hostellerie mauuaise sur le
bord de la Mer.

Le Mardy treiziesme Decembre disner à la Madona d'Alano,
lieu où se voit vn image miraculeuse, & vn beau petit Conuent,

laiſſe à droit ceſte belle forterefſe
de Pefcaire, où il y a groſſe garniſon d'Eſpagnols , & la ville de Ciuita de Chiete : Et à gauche la ville
de Ciuita de Penna principalles de
l'Abruzzo, paſſe le pont ſainct Cle-
ment, apres diſner veu la ville de
Tocco à gauche, coucher à Populo au Duc ſubject d'Eſpagne , gros
bourg à l'hoſtellerie de Marini.

Le Mercredy 14. Decembre paſſe à Sulmone aſſez belle ville, belle place, force Egliſe au Duc de
Sulmone Neueu du defunct Pape
Paul V. ſuiet du Roy d'Eſpagne,
paſſe à valle obſcura, là ſe paſſe vne
facheuſe Montagne chargée de
neige, diſner à l'hoſtellerie du Pia-
no de Cincomiglia, coucher à Caſtel de Sangue à l'hoſtellerie du
Procacio, c'eſt vn gros bourg, tres-
mechant chemin.

Le Ieudy quinziefme Decembre difner à la Fornelle, coucher à Benafrio.

Le Vendredy feiziefme Decembre difner à Calui ville, Euefché, rien de beau, dans vne mauuaife hoftellerie hors la ville, auant paſſé à Tieno, paſſe apres difner à Capoue.

Capoue eſt vne aſſez grande ville ſituée en vne plaine: La vieille Capoue en eſt proche, où l'on ne voit que des ruines, elle eſt fortifiée de quelque coſté de meſchans baſtions, le Volturne riuiere y paſſe, il y a deſſus vn beau pont, il y a vne petite Citadelle carrée, de belles rues, la place, le Dome & l'Annonciade fe doiuent voir, coucher à Naples à l'Aquilla negra.

NAPLES.

NAples eft vne tres - grande
ville, & tres-peuplée, elle eft
comme vn demy cercle, & le port
de mer eft tres-grand & fpacieux,
(non toutesfois trop bon,) elle eft
fur la mer Mediterranée, partie en
plaine, partie montueufe: Et y a le
Chafteau S. Elme, les Chartreux
& autres palais, & maifons de plaifance fur vne haute montagne en-
fermée dans la ville.

Il y a trois Chafteaux, à fçauoir, S.
Elme fur la mótagne Caftelnoue,
dans le port & le Caftel de Louo
fur vn Rocher en mer qui commandent à la ville & au port, & fe
cómuniquét le Caftelnouo & S. Elme fous terre: Ils ne font pourtant
pas beaucoup forts, & la ville n'eft
fortifiée de rien, & n'y a que de
fimples murailles.

L'Egliſe de ſaincte Marie la neuue eſt belle & bien peinte, dans la
Sacriſtie eſt la ſepulture du Comte
de Sommeriue: celle de Monſieur
de l'Autrec eſt en vn autre endroit,
& le Corps entier du Beato Iaco-
mo de Camarea.

Les Ieſuites, eſt vne tres-belle
Egliſe : la Croix eſt belle, & les
peintures des miracles de S. Ignace, Saincte Clere eſt tres-belle: la
ruë de Tolede eſt tres-belle: la place deuant Caſtelnouo eſt belle. A
droitte eſt vne tour, & deſſous l'arcenal ou Tercenal fait comme vne
petite ville.

La Tour qui ſert de Fanal eſt
belle, le pont ou gué du port qui
s'auance en mer, s'apelle Molle: Il
y a là vne belle fontaine, force Gal-
leres dans le port: Le palais du Vi-
ceroy & le iardin eſt beau: auſſi les

Minimes tout vis à vis la môtagne de Grego ou de Somma eſt belle, & l'Iſle deCaprées anciennes delices de Tibere.

La place de l'Orme & la ruë des Orfeures, & Marchans ſe doiuent voir: Le Dome eſt beau, on y voit de belles peintures, la relique admirable de San Gennaro, & autres à l'entrée à main gauche en vne Chapelle, la ville a commencé à main droitte vne tres-belle Chapelle de marbre & ornemens tres-beaux. La maiſon de Ville eſt belle.

Sainct Dominique eſt tresbeau, on y voit ce Crucifix qui a parlé à ſainct Thomas, & à la Sacriſtie les ſepultures de pluſieurs Roys & Roynes. L'Annóciade eſt belle, il y a force Reliques & peintures. Saincte Catherine eſt belle: La pri-

ſon nomméeVicaria.San Iouan de
Carbonnara eſt beau,le grand Autel, les ſepulchres de Ladiſlao &
de la Royne Ieanne ſont beaux à
gauche du grand Autel & derriere
ſont deux belles Chapelles. Aux
Carmes le lambris de l'Egliſe eſt
tres-beau,& y a vne Madonna miraculeuſe.

La place du marché eſt tres-belle,ſainct Seuerin eſt beau, le plancher en eſt bien peint.Le Mót d'O-
liuet eſt tres-beau, le lambris le
refectouer ce ſont de belles peintures, il y a vne belle Tonnelle
d'Orangers, deux autres beaux
iardins d'Orangers : les deux dortouers ſont beaux l'vn ſur l'autre,
il y a deux beaux Cloiſtres,de belles Chapelles,& de belles ſepultures dans l'Egliſe.

Le Cabinet de Dom Ferrant Im-
perat

perat Apotichaire qui eſt mort,
eſt plein d'infinité de ſingula-
ritelz , raretez , & antiquitez.
La maiſon de Pogioreal, & la quátité d'eaux qui s'y voyent , eſt
digne d'eſtre veuë. La maiſon
& iardin du Prince d'Aueline eſt
tres-belle, & le lieu où l'on iouë
les Comedies à San Bartholomeo. Eſt à noter que du coſté de
S. Elme la ville eſt ouuerte ſans
murailles.

Le Samedy & Dimanche dix-
ſept & dix-huictieſme Decembre
ſeiourne à Naples.

G

LE VOYAGE DE PO-
zuoles le Lundy dix-neuſieſme
Decembre.

N partant, ſortant de
la ville vous trouuez vn
grand fauxbourg qui à
gauche vous mene à la
Margouline Egliſe de y ſerui, où
eſt le ſepulchre de Sannazar en
beau marbre blanc auec force figures & ſtatues tres-bien faictes.

Vn autre chemin vous mene en
vn lieu où à droict ſur vn haut rocher vous voyez la ſepulture de
Virgile auec quelques inſcriptiós,
& ce à l'entrée d'vne grotte, qui eſt
vn grand chemin où trois caroſſes
vont au front, c'eſt vne montagne
de roc percée à moitié, de telle fa-
çon qu'vn mille & demy vous al,

lez deſſous à couuert.

Auant que d'y arriuer, vous voyez vn Monaſtere nómé la Madona de Piede Grotta, où eſt vn tres beau Iardin d'Orangers : Et apres l'auoir trauerſée à l'autre bout, vous trouuez la Madona de le Hidrié. De là vous prenez à droit, & arriuez à la grotte du Chié, auprés de laquelle ſont des Eſtuues chaudes raiſonnablement, & le Lac d'Agnano qui reſſuſcite les Chiens morts en apparence.

Dans la Grotte vn peu à droit ſe voit l'antique Via Apia, à gauche en mer eſt le port de Niſita montagne en mer : vne tour s'y voit ſur la droite & au deſſous les bains nommez Soupá Domini : Et vn peu plus auant ſont les Capuchins, & là ſe voit le lieu où ſainct Gennare euſt le col coupé : Et vn peu au

deffous eft la Montagne de fou-
fre d'où fort par plufieurs bou-
ches d'efpeffes fumées, & plus bas
eft l'eau boüillāte toufiours, & les
lieux où l'on accommode le fou-
fre.

Aupres eft l'ancienne veftige de
la meftairie de Ciceron au fauxbourg de Pozzuole : Auançant
plus auant eft vn amphitheatre &
l'efcole de Virgile, le tout fort
rompu. A l'entrée de la ville y a
vne grande table de marbre auec
vne infcription : Plus auant eft l'ancien Téple de Iupiter dedié maintenant à fainct Proculus aupres de
S. François, au fauxbourg d'en-
haut eft le Temple de Neptune le
Pifautoro, autrement veftiges
d'vn Temple de Diane : Et aupres
d'anciennes Colomnes de marbres tres-belles.

Aſſez pres eſt le ᴍonte Gauro ou
Barba d'où vient le bon vin de Fa-
lerne : Au port ſe voient les veſtiges d'vn pont que Caligula auoit
fait faire, qui paſſoit trois mille en
mer de Poſuoles à Baia : De là paſ-
ſames en barque à l'ancienne Mi-
cenne où ſe voit en mer ſur vne autre montagne, le Promotoire de
Micene, & au deſſous en terre fer-
me : ʟes champs Eliſées : A gauche
en entrât eſt la maiſó de ʟucullus.

Plus auant en mer eſt vne iſle où
y a vn beau Palais nommé Proci-
ta : Plus auant vous voyés la mer
morte, au deſſus la Piſcine admirable : En tournant vn lieu nommé Mercato del Sabato, & vne
vieille ſepulture des Romains :
Vous y voyez auſſi la grotte des
Dragons, & le Cento Camerelle
lieu tres-afreux : ʟe Temple d'Her-

cules, le lieu où fut tuée Agripin-
ne: les pescheries d'Hortésius, & la
maison du fils de Tacite, & mille
autres fragmens anciens: Et quoy
qu'auec grád trauail, neantmoins
cela se doit voir.

De là passe par mer à Baja, le Chasteau est neuf & bien fort, en y allant vous voyez dans la mer les
fondemens d'vne ville nommée
Cimeria: De là le port est beau &
se voit dans la montagne force
fragmens d'antiquitez : Là est le
lieu où Caron passoit la barque.
Et en vn endroit l'eau de la mer y
est naturellemét chaude: le Temple de Venus & le Sepulchre d'A-
gripine sont là tout contre, & fort
beaux aussi.

Le Temple de Diane à droit, les
termes de Trulli, les maisons de
Pompée & de Marius se doiuent

voir : Aupres eſt vne montagne
nomméeᴍont-neuf, tres-haute,
que le vent a faite en vne nuiết dás
la Mer,& proche le ʟᴀᴄ ʟucrene,le
palais de Neron & les eſtuues de
ᴛritolaſont là, & les bains de Ciceron auſſi : De là veu les fragmés
de Cuma vn haut Chaſteau rompu, ʟorco Felice, la Sacrée Foreſt
de Hami, & la grotte de Pietro de
Pace,leᴛemple d'Apollon : ʟe ʟᴀᴄ
Auerne & la Grotte de la Sibille
Cumane, ſes bains,& ſa Chambre
peinte à la Moſaïque, ſous terre
lieu fort obſcur, s'y voyent.

Sur vne autre montagne eſt le
Conuent de Nazaret tres-beau :
l'oublie pluſieurs choſes, & n'en
deſcris pas la moitié : Ie renuoye
au liure imprimé à Naples , ſur ce
ſujet intitulé : *Deſcritione Ameniſſi-*
mo diſtreto de la Citta de Napoli &

G iiij

delle Antichita di Pozzuolo, imprimé
par *Tarquinio Longo* 1617.

Le Mardy vingtieſme Decembre ſeiourne à Naples.

Le Mecredy vingt vnieſme, veu
Sancta Maria Capella, belle ſtatue
de S. Iean Baptiſte ſur le grand Au-
cel, & deux autres communes, loge à la Croix de Florence apres le
premier ſoir. Venu coucher ledit
iour de Mercredy à Capoue à la
Couronne.

Le Ieudy vingt-deuxieſme Decembre pris la poſte, paſſe à Gari-
glano où l'on paſſe la barque, veu
l'avn aqueduc ancien, & vn amphitheatre, vne tour & autres fragmés
d'antiquitez: Venu diſner à Mola
à la poſte, bonne hoſtelletie; Veu
Gaiete & les Mareſts de Minturne,
& la Via Apia, tres-bien pauee.

GAIETE.

Gaiete eſt vn aſſés bon port de mer, la ville eſt de trois coſtés enuirónée de mer, & du coſté de la terre tres-forte, fortifiée de diuers baſtiós, & rauelins, l'vn deuant l'autre, vne gráde montagne la commande : ſur laquelle eſt vne tour fortifiée tres bien, & tres gráde garniſon d'Eſpagnols. Bourbó y eſt enterré, & ſon Epitaphe s'y liſt, elle eſt trop commune pour l'inſerer icy.

De là coucher à Fundi derniere ville du Royaume de Naples à la poſte au Soleil, on n'y voit rien de remarquable qu'vn petit Lac. Laiſſe à droit ce beau Conuent de S. Benoiſt du Mont Caſſin.

Le Vendredy ving-troiſieſme Decébre, venu à Portinélla & là y a vne autre tour où on paſſe dás vne porte, fin du Regne.

Entrée de l'Eſtat du Pape venu à
Terracine ville où n'y a que les
murailles anciennes à remarquer:
Pris l'eau, venu coucher à le Caſe
noue à l'hoſtellerie ſur le bord de
l'eau:il n'y a que celle là ſans enſeigne, & la Poſte vis à vis.

Le Samedy vingt-quatrieſme Decébre, venu diſner à Viletry grande ville: le Dome & la place ſe doiuent voir.   Veu en paſſant auant
qu'arriuer à Sermonete quelques
veſtiges d'antiquitez, & apres diſner veu le Lac de Palazuoli Rond,
& tres-beau: Venu coucher à Rome au logis de Monſieur l'Ambaſ-
ſadeur de France,le Commandeur
de Silleri loge au palais de Capo de
Ferro.

ROME.

ROme est la plus remarquable
ville du Monde, elle est situ\ée
en plaine dedans neantmoins plusieurs montagnes dans lesquelles
sont basties plusieurs Eglises, Palais, vignes & iardins, auec vn nó-
bre infini de fontaines : La ville du
costé de Borgo a quelque fortification : Mais partout ailleurs vne
simple muraille seulement.

Et pour commencer ce que l'on
y voit de beau : Faut voir les trois
Palais du Pape, S. Pierre Monte
Cauallo, & sainct Iean de Latran,
la Bibliotheque Vaticane est tres-
belle, dans quantité de Salles y a
toutes sortes de liures imprimez &
manuscripts : Les peintures des Có-
ciles y sont, & dans d'autres peti-

tes Salles les dons faits au Sainct
Siege, & ceux qui les ont don-
nés ſont bien repreſentez,& la ſtatue d'vn Hipolite Eueſque de Porto, auec le Calendrier de la Paſ-
que.

La Cour de Belueder ſe doit voir.
Il faut voir cinq iardins,les vns en
Terrace,les autres bas pleins d'O-
rangers, & admirables fontaines:
Entre autre vne dans laquelle ſe
voit vn nauire artificieux , & dans
vn autre ſór d'admirables ſtatues:
entre autres Antinous Laocoon,
& en vne petite ſalle aupres Cleo-
patra, & dans vne grande niche vis
à vis de Belueder vne belle pome
de Pin de pierre ancienne.

Il y a de grandes galeries & coridors en bas deça & de là: Mais ce
qui eſt de plus beau eſt la grande
Gallerie où vous voiés vne grande

terrace deſcouuerte, puis vne petite galerie nõ peinte. Et puis vous
entrez dãs la grande où vous voiés
peintes de tres-excellentes mains,
les Prouinces d'Italie.

La Chapelle eſt tres-belle, vous
y voyés le Iugement peint de la
main de Michel Ange: Dans la Sacriſtie ſecrete y a de riches ornemens: Dans la garderobe du Pape
y a force reliques & autres ſingularitez: Vous voyez proche de là,
la Bibliotheque ſecrette, & le lieu
où le Pape fait les Agnus Dei: Le
reſte du Palais eſt vne mer de loge-
mens, peintures excellentes, entre
autres vn Coridor de la main de
Raphael d'Vrbin.

Monte Cauallo eſt vne belle
maiſon, il y a force beaux departemens, vne belle Chapelle ri-
chement peinte, & vn tres-beau

iardin où se voient force grottes, fontaines & statuës anciennes, & modernes : Deuant la porte est l'œuure de Fidias & Praxiteles: A sçauoir deux statuës d'Alexandre faites à l'enuie par ces deux excellens Sculpteurs,& son Cheual Bucephale.

Le sepulchre d'Adrian, autrement le Chasteau sainct Ange,est assez fort, mais petit, il est tout ród,& vne Roche forte, il y a munitions,armes,& artillerie en quátité, l'on y vient par vn beau pont nommé anciennement le pont Ælius, à cette heure pont S.Ange. Il y a de petits bastions d'vn costé, au reste fossé,muraille,&Roc.L'on voit là le Thresor d'argent & les regnes de pierreries de plusieurs Papes. L'on va à couuert à sainct

Pierre par vn Corridor qui a douze cens pas.

Quant au Palais de S. Iean de Latran il va en ruine, & ne sert plus
qu'à mettre les bleds, il est pourtant tres-beau.

Maintenant nous descrirons les
sept & neuf Eglises: Et premierement, Auant qu'arriuer à S. Pierre,
vous trouués vne belle place, dans
laquelle se voit cette celebre Es-
guille de Sixte cinquiesme, vne
belle fontaine aussi, puis trouuez
la facade de l'Eglise tresbelle, mais
non correspondante à la grandeur
de l'edifice. Puis voyés de belles
portes de bronze auec force belles
figures. Pour gagner les Indulgé-
ces y a sept Autels à faire Oraison.
Le grand est tres-beau, auec de
belles colónes aportées du Temple de Salomon. Se voit aussi la

Colomne où noſtre Seigneur s'ap-
puya. Les corps des Saincts Apoſtres S. Pierre & S. Paul y ſont dans
vne Egliſe deſſous, où y a pluſieurs
Corps Saincts, ſepulchres, & autres
antiquitez dignes d'eſtre veuës. Le
fer de la lance, le chef ſainct André, & le volto ſanto s'y voyent:
l'Egliſe a de long deux cens quatre vingts deux pas, elle eſt tres-
haute, & dans la petite coupe d'en-
haut peut renger vingt hommes.
Dás la Sacriſtie y a force Reliques;
On y voit les Images de S. Pierre
& S. Paul apparuës à Conſtantin;
vne belle Madona de la main de
Michel Ange.

De là venu à ſainct Paul hors la
ville, l'Egliſe eſt tres-grande, large
& belle : Il y a vn bel Autel derriere le grand, on y voit le Crucifix
qui a parlé à ſaincte Brigide. Il y a
auſſi

auffi fept autels dans la Sacriftie
de belles reliques : Deuant la por-
re y a vne vieille Colomne de Vé-
ftales, vne Croix deffus : Auāt qu'y
arriuer fe voit le fepulchre deMan-
lius Efpurius, & vne Chapelle où
S. Pierre & S. Paul dirent le dernier adieu, ces deux font des fept
Eglifes.

A vn mille de là vous trouuez les
trois fontaines, qui eft des neuf,
non des fept : L'Eglife eft grande,
il y a des Reliques dans vne Chapelle nommée Scala Celi, il y a les
offemés de dix mille Martyrs : proche eft vne Chapelle où font les
trois fontaines qui fourdirent miraculeufement du lieu où S. Paul
euft le col coupé, à trois fauts que
fit fa tefte : Se voit auffi là la Colomne où ledit S. Paul fut deca-
pité.

H

De là vous venez à l'Annonciade Chapelle des neuf Egliſes,
non des ſept : Il y a peu de reliques, auançant trouue vn grand
lieu & vne tour ancienne, c'eſt le
ſepulchre de Metella , & ſe nomme aſteures Campo di boue & dehors force ſepulchres , entre autres de Cluilius, vous voyez le Cirque de Caracalla, le Temple del
Dio Ridicolo : Puis le ſepulchre de
Terence, & vne vieille eſguille ró-
pue au milieu du Cirque : Le Chaſteau du preteur, le Temple de
Mars, & forces autre ſepultures
auant qu'arriuer à Rome, entre autres des Scipions.

Arriue à l'Egliſe S. Sebaſtien qui
eſt l'vne des ſept, il y a ſept Autels
des reliques, & le Cimetiere de Ca-
liſte lieu afreux plein de Martyrs :
On voit vne Chapelle où durant

les perfecution eſtoient cachez les Corps de S. pierre & S. paul : Allãt trouues la Chapelle, *Domine quo vadis*, entre à Rome par vne vieille porte.

Les murailles de Rome anciénes ſont auſſi fort belles à trois eſtages : Venu à S. Iean de Latran des ſept : Deuant la porte eſt vne belle Eſguille auec des hieroglyphiques : Puis vous trouuez le Baptiſtaire de Conſtantin, & la Colomne où le Coq chãta trois fois, quãd Sainct Pierre renia noſtre Seigneur : Puis vne autre Chapelle de Noſtre-Dame : Puis vous voyez la ſtatue d'Henry le Grand Roy de France en bronze, puis force reliques. Entre autres les teſtes de S. pierre, S. paul, l'Autel où S. Pierre a celebré eſt ſous le grand : Il y a en haut vne Image miraculeuſe di

H ij

Sauueur, & le Sepulchre de Saincte Helene. Dás la Sacriſtie y a reliques, & vne Croix donnée par
Conſtantin : En vne petite Chapelle ſe voit la Table de la Cene,
l'Arche d'alliance, la Verge de
Moyſe, le Paſtoral d'Aaron , dés
pierres rompues du Temple: On
voit auſſi vn miracle du Sainct Sacrement, & la table où on ioua les
habits de noſtre Seigneur à vn autre lieu ſeparé eſt la Scala ſanta, &
plus haut le Sancta Sanctorũ, force reliques & deuotions, & s'y voit
auſſi vne image faicte par S. Luc:
il y a ſept Autels comme aux au-
res.

  De là faut aller à Saincte Croix
in Hieruſalem, vne des ſept: Il y a
ſept Autels, force belles Reliques,
de la vraye Croix, la Croix du bon
Larron. Proche eſt vn Amphithea-

tre, & le Temple de Venus.

De là forti par la porte Magiore ancienne & belle, arriue à S. Laurens, des fept, fept Autels: Il y a des grottes de Martyrs fous terre, & des Reliques.

Reuenu par la porte S. Laurent belle & antique, venu à Saincte Marie Majeur, des fept, fept Autels. Deuant la porte, d'vn cofté vne belle efguille, belle place, de l'autre vne belle Colomne tirée du Temple de la Paix : vne memoide l'Abfolution de Héry quatriefme:Dans la Chapelle eft tres- belle du Pape Sixte eft le Præfepe de noftre Seigneur. La Chapelle du Pape Paul eft tres- magnifique, il y a vne Image miraculeufe faite par S.Luc: Dans la grande Sacriftie y a quelques reliques, force dans l'Eglife: Entre autres le Berceau de

noſtre Seigneur, le grand Autel
eſt tres-beau : Mais ſur tout la Sacriſtie de la Chapelle du pape paul
eſt pleine de reliques, argenterie
& riches ornemens.

VOYAGE DE
Freſcati.

NOus lairrons vn peu Rome
pour aller à Freſcati à douze
mille pres.

Premierement ſortát par la porte S. Iean de Latran, Aſinaria anciennement : Vous voyés à gauche
les vieux Aqueducs d'Anco Mar-
tio, Claudio & Antonino, & le nouueau de Sixte nommé Aqua Felice
qui dure ſeize mille de long : A
droitte eſt la Sigognola maiſon
de plaiſance du Cardinal Borgue-
ſe, où y a vne tour, à la cime de la-

quelle y a vne fontaine, à droit
font force fepulchres anciens, &
à gauche & à droit, force tours anciennes, meftairies des Romains.
Plus auant eft le fepulchre demar-
cus Valerius Corus: Plus auant eft
la Rocca de Galiene Empereur,&
par tout des Veftiges d'antiquitez.

Arriuant à Frefcati vous trouués
la vigne du Duc de Saure, belle
maifon, & iardin : Plus auant le
petit Palais du Cardinal Borghe-
fe fort ioli & bien meublé: Et plus
haut Montdragon beau Palais au
mefme Cardinal, y a des antiques
& de beaux portraits venus du
Iapon : dans la gallerie y a de
beaux Tableaux & ftatues : Sur la
Terrace y a de belles fontaines.
plus auát vn parc fermé d'animaux:
Il y a aupres de belles Efcuries,

en haut vn beau iardin de fleurs,
fontaines & ſtatues, & vne belle
grotte de beaux apartemens : Autres petits iardinets, & de beaux
meubles, & Tableaux par tout.

A droit eſt la Rufina au Duc Sforce, belle & beau iardin : La ville eſt
petite, quarrée, & aſſez iolie. Il y
a dehors quatre Egliſes : mais ſur
toutes, les Capuchins ſe doiuent
voir : On a par toutes ces maiſons
belles veue & voit on Rome tres-
bien. Montalte & pluſieurs autres
Cardinaux, Seigneurs & Bour-
geois, y ont vne infinité de lieux
de plaiſance.

Mais auant qu'en d'eſcrire pas
vn, allons en pelerinage à la Camaldoli, c'eſt vn Hermitage fort
beau où ſont les cellules de vingt-
huict Hermites : L'Egliſe eſt fort
iolie. Dans la Capelle de la Sei-

gnora Hortéfia y a force reliques,
l'on voit de là la Colona, le Lac de
Panthano &Prenefte,& autres antiquitez,& le lieu où S.Sylueftrefe
cachoit.

·De là vous defcendez à la maisó
du Cardinal Aldobrandin, dans le
Parc y a force allées haut & bas , il
y a d'admirables fontaines , & vne
abondáte & belle defcente d'eau,
par tout de belles ftatues : Mais la
fontaineGirandola eft la plus belle, à droict le Centaure , & à gauche leCiclope font beaux à voir:La
grotte des Mufes eft auffi tres-belle, dedans y a des canaux qui don-
nent du vent frais, les apartemens
du logis font affez iolis.

De là defcendez dans la Vigne
du Cardinal Ludouifio, beaux a-
partemens au logis , & vne belle
terraffe s'y voyent, il y a de belles

fontaines, vne belle veuë, & vn
petit iardinet en terraffe. Entrant
dans le grand iardin, on y voit vne
gráde cheute d'eau, de belles fontaines, vn bois de Laurier, vne belle pefcherie. En retournant par
vne allée vous voyez les veftiges
du palais de Lucullus.

Reuenant dans la ville veu le
Temple du Repos, Larco Camilia-
no, & la Torre delle militié, & pro-
che du pont S. Ange vn veftige du
pont Triomphal. Veu faincte pra-
xede, où eft la Colomne où noftre
Seigneur fut flagellé. Veu fainct
Antoine, & dedans les veftiges du
Temple de Diane: Veu S. Louys
Eglife des François: Sainct Sylue-
ftre où eft la tefte de fainct Iean
Baptifte: Et les Iefuites tres-belle
Eglife.

La Vigne du Cardinal Ludouifio

eſt tres-belle, il y a vn palais orné
de ſtatues, peintures, & autres raretez. Il y a vn beau parc, de belles
allées, deux petits iardins, des fontaines, & de belles ſtatues : Dás le
parc y a vne petite maiſon pleine
de peintures, ſtatues & raretez.

La Vigne de Montalte eſt auſſi
tres-belle, il y a trois palais pleins
de peintures & raretez: Il y a vn iardin bas auec de belles fontaines,
vn grád parc, de belles allées, force ſtatues, vne belle peſcherie: Sáta maria Sopra Minerua ou la mi-
nerue eſt vne belle Egliſe, elle a
peu de reſte de l'antiquité, aupres
ſe voit le Téple du Dieu Boneüé-
to, le Pantheon ou Santa Maria
Rotonda, ou la Rotonde eſt
la plus entiere antiquité qui ſoit à
Rome, on n'y voit clair que par vn
œil au faiſte: le portail eſt de bron-

ze accompagné de belles colomnes, & le dehors eſt beau tout au
tour : Il y a vn Autel de S. Ioſeph,
& vne belle Noſtre-Dame La place deuant l'Egliſe eſt belle, il y a
vn ancien Tombeau. A Piaza de
Pietra ſe voyent les veſtiges du Palais d'Antoninus Pius, creu par au-
cuns Temple des Veſtales.

A la place Colomne eſt la Colomne Antonienne, & vn S. Paul
de bronze doré deſſus, vne belle
fontaine aupres. Et à la place de la
Madona de Lorette ſe voit celle de
Trajan. Ces deux Colomnes ſont
ouuragées & tres bien elabourées
de petites ſtatues entieres : Sur ceſte derniere eſt vn S. Pierre de bróze. Là aupres ſont quelques veſtiges d'vn Temple de Mercure.

Le Palais de Mathée eſt tres-beau
& ſpacieux, il y a vn Iupiter ton-

nant & deux beaux Sepulchres anciens. Là aupres eſt le beau & ſpacieux Palais de ſainct Marc, l'Egliſe & les grands apartemens qui y ſont ſe doiuent voir. Les bains d'Agrippa, & ceux de Neron proche de ſainct Euſtache, ſe doiuent voir.

De là voyés place Nauonne tresgrande en ouale, trois belles fontaines, aupres eſt la ſtatue nómée Paſquin. De là voyés le Palais Maſſimi, dedans Pirrus & autres ſtatues. De là voyés le baſtimnet neuf de l'Egliſe ſant Andrea de le Valle, il y a de belles Chapelles. Voyés aupres Campo de Fiore, & des veſtiges d'vn Theatre de Pompée.

De là venés à la place del Duca où ſe voyent deux belles fontáines. Et puis entrés dans le magnifique Palais de Farneſe, la Cour eſt

quarrée, remplie de belles ftatues,
entre autres de deux Hercu les non
pareils.

Auancez vn peu, dans vn vilain
lieu vous voiés cet admirable Tau-
reau la plus belle piece du móde,
& au tour force autres antiques
ftatues, en y allant deux belles fur
vne terraffe. Le grand degré eft
beau : dans vne gallerie font force
peintures & ftatues, vne nouuelle
du Duc de Parme Alexandre tres-
bien faite, il y a deux ou trois belles tables, mais vne eft d'inexpri-
mable valeur, autre falle d'antiques, il y a de grands departemés,
vne Noftre-Dame de la main de
Raphaël : Vne autre falle de ftatues, vne terrace, vn iardinet, des
fontaines tres belles s'y voyent &
de iolis Orágers. De là le Tybre ledit Cardinal a d'autres iardins &

maisós de plaisáce. Il y a vne autre
falle de ftatues, vn bel Adonis, vne
gallerie de ftatues, vn cabinet de
raretez, vn autre où eft le iugemét
de Michel Ange. Il y a trois chambres pleines d'argenteries, chri-
ftals, paremens & raretez.

De là voyez à Chiefa Noua
vne belle Chapelle & la Corps de
fainct philippe Neri. Plus auant
voyez l'aqua Vergine, maintenát
nommée fontaine de Treue. Le
tombeau de Liuia & d'Ottauia,
force vrnes anciennes, & le tombeau d'Augufte fe doiuent voir
proche fainct Roch, enfemble vn
bel Efculape.

Eft à noter qu'à Rome paffe le Ty-
bre, d'vn cofté l'on appelle Rome:
De là vers S. Pierre eft le Borgo;
Vers fanta Maria, cela s'appelle
Tranfteuere: Et puis il y a quatre

ponts entiers, à sçauoir sainct Ange ou Ælius, Sixte ou Aurelio, Fa-
bricius & Cestius ou Quatrocapi,
& S. Barthelemy, & des vestiges
d'vn autre nómé Senatorius. Proche de là le port où viennent quelques nauires petites, & vn beau
gué : L'on voit aussi là les ruines
du pont Sublicius où autres fois
combatit Horatius Cocles.

Proche le port du Popolo est là
vigne du Cardinal del Monte il y
a deux iardins, de belles fontaines,
l'en y voit vn Autel de Pluton, l'on
y voit vn beau tableau de Raphaël
d'Vrbin, force antiques statues,
peintures, & autres raretez.

La porta del Populo est belle, de-
mi mille dehors allez voir la vigne
du Pape Iules second, & plus auant
entrant dans la ville vous trouue-
rez vne belle aiguille pleine de
Hieroglifi-

Hieroglifiques,& vne fontaine.

De là vous voyez trois tres-belles rues, le Cours anciennemét via Flaminia, Ripeta , & Babouino. Proche de là eſt le ſepulchre de Neron proche Móte Cauallo. Sous le Palais Sforce vous voyez de vieilles grottes des putins.

Plus auant vous trouuez les bains ou Thermes de Diocletian, dans leſquels ſont baſties les E-gliſes de ſanta Maria de li Angeli des Charteux , & celle de ſainɕt Bernard. Vous voyés quatre vieux Domes, colomnes & fragmens. Apres vous trouuez la belle rue & porte Pia. Et vn peu hors la vil-le l'egliſe ſainɕte Agnes, il y a qua-tre belles Colomnes & de beaux Autels, c'eſtoit autresfois le Tem-ple de Bacchus. Sainɕte Conſtance y eſt auſſi. Il y a auſſi vn veſtige

I

d'vn manege au theatre, derriere
l'Autel vne ancienne Moſaïque,
vn admirable ſepulchre tout de
Porphire,& quelques reliques.

A ſainĉte Potentiéne ſe voit vne
belleChapelle du Cardinal Gaie-
tan, & vn miracle du ſainĉt Sacrement. Là ſe voyent les eſtuues de
Nouatius, l'on y voit vn bel autel,
vn puis du ſang des Martyrs, vn
Autel de bois où S. Pierre a celebré la meſſe,&d autres vieux fragmens d'antiquitez.

Proche ſainĉt Laurent in Paliſ-
perna vous voyez les eſtuues O-
limpies, & le Palais de Decius, la
maiſon de Virgile, des pieces du
Trióphe de Marius, l'Arc de Gal-
lienne, & le téple de Gaius & Lu-
cius, des Aqueducs, les ſept ou
neuf ſalles de Titus, le logis du
Pontife, dont partie eſt ſous l'autre ſur terre.

A ſainct Pierre aux liens vous
voyés vn ſepulchre & vn grand
Moyſe faict par Michel Ange, les
chaiſnes de S. Pierre & autres reliques. Au Cloiſtre y a vn Palmier
qui porte fruict. Vous voyés apres
les Bains & le Palais de Tite Veſ-
paſian, puis le beau Coliſée preſ-
que entier dehors, fort rompu dedans: Puis quelques veſtiges de la
maiſon de Neron, l'Arc de Conſtantin, le temple deSerapis ou du
Soleil & de la Lune, au iardin de
ſanta Maria Noua aupres vne antique fontaine: Apres vous trouuez l'Arc du Triomphe de Veſpa-
ſian où eſt l'Arche & Chandelier
du temple de Hieruſalem en ſcul-
pture.

Puis apres vous voyez le temple de la Paix. De ce coſté du Mót
Palatin eſt la maiſon de Ciceron.

Sainct Cosme estoit l'ancié Temple de Romulus : Aupres est le Temple d'Antoninus Pius & de Faustine.

Saincte Marie liberatrice est le Temple de Venus : Là se voit la grotte où Quinte Curse se precipita, là se voyent trois belles Colomnes des vestiges d'vn pont ancien, fragmens du logis des Ambassadeurs amis, vn Arc de Septimius Seuerus. A san Theodoro est vn autre petit Temple de Remus & Romulus où la Louue estoit.

A sainct Adrian y a des portes de bronze, c'est le Temple de Saturne : Là est aussi le Temple de la Concorde. Il y a plus auant trois belle Colomnes, vne plus grande seule. A la rue du Cours est l'Arc de Portugal ou de Domitian.

Le Capitole eſt beau à voir, en
y arriuant à droit ſe voit la Rocca
Tarpeia, en face Caſtor & Pollux,
& deux beaux cheuaux de marbre, quelques ſtatues du Triomphe de Marius le Marforio & Có-
modus, & l'excellent Marc Au-
relle de bronze à cheual, & autres
ſtatues, entre autres deux. En mó-
tant à Ara Celi, à droit eſt la maiſó de Ville, la cour eſt pleine d'anciennes ſtatues, & vn marbre des
meſures : dans les degrez, ſalles &
chambres ſont force antiques ſtatues, entre autre la Louue & l'enfant qui ſe tire l'eſpine & force
belles peintures. En la ſalle d'en-
haut ſont deux Papes : En face eſt
le logis du Senat, où n'y a qu'vne
aſſez belle ſalle, deux Papes & vn
Senateur François en marbre.

L'Egliſe d'Ara Cœli, ou Iupi-

ter Feretri, eſt proche, à gauche ce
ſont Cordeliers, d'en haut lon voit
tout Rome, on y voit les veſtiges
d'vn Ange, & vne belle image de
Noſtre Dame, la vieille priſon où
eſtoient S. Pierre & S. Paul: En bas
on y voit Larco Boario ou de Ia-
nus, & celuy des Orfeures, le téple de Neptune, la fontaine Iu-
turna ou Laqua, San Georgio, la
bouche de la verité, l'ancienne
eſcole des Romains nommée Sáta Maria in Coſmedin, le temple
des Veſtales, ſan Stephano des caroſſes, de vieux fragmé, de magazins, Santa Maria Ægyptiaca, ou le
temple de la Pudicité, la maiſon
de Pilate, vne porte ancienne vis à
vis d'où on dit qu'eſt ſortie la maiſon d'Auſtriche, les Lupercales, le
theatre de Marcellus à la maiſon
des Sauelles, San Nicolo in Car-

cere ancienne prifon du peuple,
des portiques de Septimius Seuerus à S. Ange & tout proche les
porches d'Octauia in Pefcaria.

De là in Borgo paffant l'eau, vous
voyés le baftion où Bourbon fut
tué.   Au Palais de Cefi eft cette
belle Roma, & à celuy de Pichi
deux belles ftatues. L'Hofpital S.
Efprit eft tres-beau. Sainct Onu-
frio eft ioli, l'on voit de là la vigne
du Cardinal Lenti, & le Cirque de
Cæfar.

Venant de là à la porte S. Pan-
crace o u Aurelia venant à S. Pierre Montorio, vous voyez l'Aqueduc nommé Aqua Paula, là eft vn
lieu où S. Pierre fut crucifié, là eft
vn nommé Frere Hierofme qui
tombe en extafe, & vn beau tableau de Raphaël d'Vrbin: aupres
eft la vigne du Cardinal Sauli.

De là paſſant le pont vous trouuez Santa Maria Tranſteuere anciennement nomméeTaberna meritoria, il y a vne fontaine d'huyle, & vn beau plancher. Aupres du port ſont de grands veſtiges de l'Arcenal des Romains.

Saincte Cecille eſt belle, deſſous le grand Autel qui eſt beau, ſont des Autels où eſt ſó corps & d'autres Martyrs : Il y a force belles reliques, le plácher d'autour l'Autel par en bas eſt tres beau, dans vne Chapelle eſt le lieu où furent trouuez les corps ſaincts.

A l'Egliſe Fate ben Frateli, eſt le temple de Iupiter Licaonius: Et celuy d'Eſculape à ſainct Barthelemy. De là on voit Cloaca Maxima. Regardant de Mont Palatin de ce coſté où eſt la vigne de Farneſe, vous voyés les veſtiges de la maison d'Auguste, & le Circus maximus : Au mont Auentin des fragmens des Greniers anciens.

A Saincte Sabine est le temple de Diane, de belles colomnes portes anciennes, & vne pierre iettée à sainct Dominique, & vn Oranger planté de sa main. A sainct Alexio ou temple d'Hercules il y a beau paué, l'eschelle du Sainct, d'anciennes colomnes, & vne Nostre Dame miraculeuse. Vous voyez apres le mont Testaceus, le Pré des Ieux Olympiques : Et proche la porte sainct Paul dehors & dedans la ville vne pyramide ou sepulchre de Cestius. Vous voyés des vestiges des Thermes de Trajan, de vieux fragmens d'Aqueducs au mont Cælius, puis en bas vous trouuez les Thermes & Pa-

lais d'Antonius Caracalla tres-
entieres admirable edifice dehors & dedans, au deſſus ſont les
beaux Cimetieres de ſaincte pra-
xede & Baſilée, des veſtiges d'A-
queducs plus bas.

Plus loin eſt ſan Stephano ro-
tondo, ou le temple de Faunus,
il y a vn beau tabernacle, & de
belles colomnes. Vous voyez
apres le Palais de Nerua, les Thermes de Conſtantin, & le temple
du Soleil.

VOYADE DE
Tiuoli.

PArtant de Rome, faut ſortir à la porte ſainct Laurent,
à cinq milles de Rome vous
trouuez vn pont ſur le Teueron-
ne baſti par Mamea mere de l'Em-

pereur Alexandre Seuerus. Plus
auant eſt le ſepulchre de Valeriuſ
Voluſi, vn autre de petilius libo.
plus auant vn lieu nommé Fide-
nates. plus auant vne riuiere ſul-
phurée, pluſieurs autres ſepulchres cómuns: plus auant vn autre
pont ſur la meſme riuiere nómé
ponte Lucano. plus auant eſt vne
tour garnie d'inſcriptions, c'eſt le
ſepulchre de Monachius plautius.
plus auant vne meſtairie où vn
homme mene vn cheual, & vn lió
de l'autre coſté, cela eſt ancien en
marbre. Vous trouuez apres la
Villa de Saluſte.

Arriuant apres à Tiuoli, vous
voyez vne grande ville haute &
baſſe: Le Dome & les Ieſuites ſe
doiuent voir. Vous voyez apres
en bas la villa de mecenas, celle de
Quintilius Varro, la porte & vn pe-

tit temple de Baccus. Il y a dans le terroir plusieurs autres vestiges de maisons anciennes & remarquables.

Dans la ville est vn pont, duquel & d'vn balcon qui est à vne petite hostellerie proche de là nómée villa Fresolina, l'on voit vne cheute admirable d'eau de la riuiere qui tombe en abisme dans les rochers, & en sort vn Arc en ciel de couleur de feu. Et proche de là se voit vn temple de la Sybille Tiburtine. Là aussi est la Villa d'Horace en la place, & en vn recoin de la ville sont trois Dieux des Ægyptiens. La Villa de Marius & de Cæsar sont aussi dans la ville, & autres vestiges d'antiquitez, il y en a vn liure expres.

Mais le plus beau c'est le Palais & iardin du Cardinal d'Est, la Cour

eſt quarrée, il y a vne fontaine &
de belles ſtatues: Il y a deux ſalles,
vne de ſtatues, l'autre où ſont les
Roys de Fráce & vn mot de leurs
vies. Des feneſtres ſe voit vn petit
iardin defait où y a vne belle Li-
corne de marbre: Il y a auſſi de
beaux departemens & bien meu-
blés, & proche la Chapelle y a des
ſtatues & vne belle table. Proche
eſt vne belle terraſſe de laquelle
on voit Rome & le iardin : Il y a
deux galleries dans l'vne : & dans
vne ſalle baſſe qui a deuát vn balcon force fontaines & ſtatues, dás
vn autre balcon plus bas y a des
ſtatues, entre autres vn admirable vaiſſeau. Au iardin vous trouuez vne allée toute de grottes, la
plus belle eſt la Diane. Dans le
bois eſt la fontaine du Cheual Pe-
gaſe, l'Hercule eſt tres beau, la fó-

taine des Dragons auſſi.

Il y a vne allée entiere d'artifices d'eaux où eſt laMetamorpho-
ſe d'Ouide. La grande fontaine
de laSybille eſt admirable, la fontaine des mirouers, & la grotte de
l'orgue auſſi ɩaRoma& la fontaine de l'Empereur ſont auſſi tres-
belles.

Il y a pluſieurs autres fontaines, rochers,artifices & gentilleſ-
ſes : Entre autres celle de la mere Nature,où l'Arc en ciel paroiſt
tres-artificieuſement. Ces choſes
rendent ce iardin vn des beaux
du monde, & en regardant de là
porte du iardin l'ordre dudit iardin, fontaines & palais, cela faict
vne tres excellente proſpectiue.
Reuenu à Rome veu le palais de
Borgheſe qui eſt tres beau , il y a
dans la Cour de belles ſtatues,il y

a vn beau petit iardin en terraſſe,
de tres-beaux departemens, force peintures, meſme de la main
d'vn Capuchin, vne ſalle d'originaux admirables de Raphaël & autres force raretez, argenterie, &
grands threſors.

La Trinité du Mont eſt vne belle Egliſe & Conuent de Minimes
tous François.

La vigne du Cardinal de Medicis eſt tres-belle, en y entrant on
voit vne belle veue: Il y a par le coſté du iardin vne belle Façade d'antiques, il y a de beaux departemés, meubles, peintures & ſtatues
dans le logis: Et dás le iardin ſont
à voir les ſtatues ſur toute la Nio-
bé, la gallerie, le Mót Parnaſſe, &
la garderobe pleine de raretez. Le
iardin & bois eſt tres beau, y a vne
gráde grotte par deſſous vn iardi-

net de ſimples, & vne porte pour
ſortir hors de Rome.

La vigne de Bourgheſe eſt tres-
belle: Dans le grand iardin en y arriuant ſe trouue vn Dome tres bié
peint, vne grotte ſous terre à ra-
fraiſchir le vin, & vne belle table.
Dans le grand iardin y a des ſtatues, des fontaines, & de belles allées. Le logis eſt admirable, tout
au tour eſt vne Facade excellente
toute de ſtatues & ouurages antiques. Dans les Salles, Chambres,
& beaux apartemens, ſont d'admirables ſtatues, peintures & raretez. Il y a vn iardinet d'Orágers,
& vn de fleurs, vn autre grand iardin, vne belle voliere d'oiſeaux, &
derriere quelques Cheureux &
Daims. Il y a vn beau Parc plein de
Lieures, il y a ſept petits logis
pleins de peintures & ſtatues.

La

La vigne de Mathée eſt iolie,
il y a deux beaux logis pleins de
ſtatues & peintures, dans le iardin y a de belles ſtatues & fontaines, la plus belle ſtatue eſt An-
dromede. Il y a dans vn petit pré
vne belle Pyramide & autres ſtatues.

La vigne de Farneſe eſt baſtie ſur
le Palais Palatin, il y a des grottes
ſous terre, & vn beau iardin. A la
vigne de Lanfranc y a vn ioli logis
& iardin, de belles ſtatues & fontaines.

I'auois oublié aux antiquitez les
veſtiges du Senat des femmes.
Faut auſſi voir le Guet des Iuifs:
Et l'Egliſe où les Grecs font leur
exercice à la Grecque: Et le College Romain qui eſt aux Ieſuites, où
nous viſmes vne belle repreſenta-
tion & magnifique de la vie & mi-

K

racles de fainct Ignace.

Nous vifmes le iour de Noël dire la meffe à noftre S Pere. Le iour des Roys Vefpres & Capelle où vn Cardinal officie le pape prefent, là fe voyent de belles ceremonies.

Se voyent à Rome mille belles chofes que ie n'ay defcrites , & fe peut dire que rien au monde n'eft femblable à fa grandeur & magnificence. Pour voir le tout y auons demeuré depuis le Samedy vingt-quatriefme Decembre iufques au Ieudy douziefme Ianuier. La bonne hoftellerie eft l'Ours.

Le Ieudy douziefme Ianuier partant de Rome fe faut recommander à Dieu & à la Vierge, à la Madona del Populo belle Eglife.

A deux milles de là vous trouuez Ponte Molle beau pont fur le

Tybre. Allât plus auât vous voyez
des cours & sepulchres anciens.
Plus auant est le Lac de Bachano,
venu disner à Monterose petit
bourg à la Campana. Au sortir y a
vn Lac nomme Lac de Monterose.
plus auant vous trouuez le parc de
Caparoles, il y a dedans trois petites maisons, vne fontaine, vn bel
estang force Cerfs, Biches, Daims,
& Cheureux.

Venu coucher à Capraroles
maison tres belle du Cardinal Far-
nese : Le dehors est vn Penthago-
ne, le dedans est tout rond. Auant
qu'entrer y a vne belle terrasse,
dans la court deux terrasses en rôd
l'vne sur l'autre : Il y a des statues,
vn tres-beau degré, de beaux
departemens bien meublez, &
des peintures excellentes du Ciel,
de la Geographie, du Concile

de Trente, de l'Empereur Charles
le Quint & du Roy François, de
leurs combats & accords: Dás vne
font les Roys Henry & Philippes
de France & d'Espagne. Dehors
deux iardins, vne belle grotte au
bout de l'vn, vne autre à droite,
dans l'autre vne belle fontaine au
fortir du logis. De là vous montés
au petit 1arc plein de Cheureux,
Lieures, & Lapins: Vous y voyez
en haut vne petite maison bien
meublée & peinte, deux iardins
&des balcons tout autour qui iettent vne infinité d'eau, auec de
belles fontaines,&vne iolie cheute d'eau. Ce lieu cy eft vn des plus
beaux d'Italie: Il y a vn tres-beau
bourg,forceegliles,vne belle 1ue,
vne hoftellerie nommée la Ca-
pra, logé au palais du Cardinal.

Le Vendredy treiziefme Ianuier

au partir de Capraroles veu le Lac
de Vico. De là venu à Bagnaia qui
eſt vn petit bourg, au milieu y a
vn petit Chaſteau & vne tour au
Cardinal Montalte.

De là vous entrez au iardin, où
vous voyez en entrant vne belle
fontaine, & tout au tour vne belle peſcherie. plu⸱ haut vous voyés
vne belle cheute d'eau & huict fó-
taines l'vne deſſus l'autre, à droit
& à gauche deux caſſines, celle d'à
main gauche a de beaux meubles
& eſt bien peinte, celle à droite il
y a de belles peintures d'excellens
maiſtres, & de beaux meubles. plus
auant ſont deux terraſſes couuertes, & deux grottes. Au Parc y a
deux belles peſcheries, dans l'vne
on fait la glace. Il y a dans le Parc
pluſieurs fontaines, le Bacchus,
le Cheual, & celle du petit logis

desLauandieres font les plus belles, il y a deux gardes, l'vne de neige, l'autre de glace, partout l'on
eſt bien moüillé. Il y a auſſi de belles allées.

Plus auant vous trouuez la Ma
donna de la Quercia ou du Chef-
ne, il y a vne belle Egliſe, vne image miraculeuſe dans le Cheſne,
force vœux, deux beaux Cloiſtres,
vn beau Conuent, ce ſont Dominicains, là ſe font de belles foires.

De là arriue à Viterbe, diſne à la
Çápana, le Dome eſt beau, les rues,
la fontaine, la place, le Palais du
Pape, la maiſon de ville, & force
tours, c'eſt tout ce que l'on y voit
de beau.

De là venu à Montfiaſcon, bon
Muſcat, l'on voit le Lac de Bolſene
dans lequel y a deux Iſles: Venu
çoucher à Oruieto à ſan Giouáni.

ORVIETE.

ORuiete eſt vne grande ville ſituée ſur vne haute montagne, il n'y a que des murailles & le rocher tout au tour, elle eſt de nature & ſituation tres-forte, ſans artifice: Il y a auſſi vn petit Chaſteau enuironné de murailles, ce n'eſt pas grand choſe. La place & la maiſon de ville ſe doiuent voir, les rues ſont haut & bas, au deſſous paſſent deux riueres la Paglia & la Chiana & aſſez pres y a vn pont. Il y a dans la ville vn admirable puits, on y deſcend dedans par vn coſté, & on remonte par l'autre, & y a cinq cens cinquante degrez & ſeptante feneſtres. Mais le Dome eſt vne des belles choſes du monde, dan la façade

vous voyez de belles peintures à
la Mosaïque, &d'excellens ouura.
ges de petites statues de marbre:
Plus haut quelques statues, entre
autres vne Nostre-Dame, & les
quatre Euangelistes, & quatre
Clochers : L'Eglise est bastie de
pierre Teuerina toute blanche &
noire. Dedans l'Eglise est vn Autel où se reserue vn Corporalier,
dans lequel on voit encores des
taches du Sáĝ de nostreSeigneur.
La Chapelle de Nostre-Dame a
vne Image miraculeuse, vne ex-
celléte statue nommee la piete &
de belles peintures : il y a les dou.
ze Apostres & deux autres Images de marbre dás l'Eglise, & force autres beaux ouurages de mar.
bre.

Le Samedy quatorziesme Ianuier venu disner à ᴀquapendente

à la Couronne, deux ponts deça
& delà, belles murailles, le Dome
& vne grande rue: La ville eſt d'vn
grand circuit, & n'y a rien de beau
à voir.

De là venu coucher à Radico-
fani, où au deſſus de l'hoſtellerie
qui eſt tres-belle. Y a vne bonne
fortereſſe ſur vne tres-haute mõ-
tagne, le tout ſur l'eſtat du grand
Duc de Toſcane, eſtant ſorti à
Ponte Centino Poſte auparauant
de celuy du pape.

Le Dimanche quinzieſme Ianuier paſſe à San Quirico petite ville, venu diſner à Tormeri à la Campana, apres paſſe le pont d'Arbia
coucher à Sienne à l'hoſtellerie de
ſainct Marc.

SIENNE.

Sienne est vne belle ville, elle
est située sur deux mótagnes,
& est haut & bas, elle a pourtát de
fort belles rues, & vnies, auec force
beaux Palais, grande quantité de
Noblesse : Vous y voyez la loge
des Marchás qui est fort belle. La
maison de saincte Catherine où
maintenát est vne Chapelle, hors
la ville vne Chapelle où estoit
l'arbre du baston S. François, le
tronc est sous le grand Autel de
l'Eglise S. François dans la ville,
Eglise tres-belle, & là reuient vn
autre arbre.

Il n'y a à la ville que de simples murailles : Il y a vne citadelle,
c'est vn quarré auec de fort mauuais bastions, & vn petit fossé.

La place eft tres-belle, elle eft faite en coquille, & n'en ay point veu
ny de femblable ny de plus belle,
dedans eft la tour de Mangiano de
furieufe hauteur & de belle ftru-
cture il y en a plufieurs autres belles, la ville en eft pleine: là eft vne
belle fontaine, vne belle peinture
Noftre-Dame. Le Palais de Iuftice eft fort beau auffi.

De là faut voir le Dome qui
eft vne des belles Eglifes du monde, il eft bafti de marbre blanc &
noir, la facade en eft admirable, le
paué eft garni de belles figures, &
rien de plus beau ne fe peut voir:
La Chaire du predicateur eft
tres bien faicte à perfonnages de
marbre, tout au tour font les
teftes de tous les papes: Il y a
d'excellentes peintures derriere
le Chœur & de belles reliques, en-

tre autres vn bras de fainct Iean
Baptifte. La Librairie eft tres bien
peinte.

L'Hofpital eft beau, il y a vn
corps entier del Beato Surore, &
autres Reliques. Sous le Dome eft
vne belle Chapelle, & les Fons Ba.
ptifmaux.

A l'Eglife S. Dominique eft la
tefte de faincte Catherine de Sié-
ne, & celle de sã Sidonio, à vn coin
eft au naturel le pourtraict de fain.
cte Catherine. Là aupres eft le manege.

A l'Eglife de y Serui eft le corps
entier del beato Patricio. Aux Au.
guftins y a de belles peintures,
deux beaux cloiftres, & vne belle
Eglife. L'Eglife neuue de la Mado.
na Prouenzana, où eft vne image
miraculeufe, eft belle, & auffi le
ralais du grand Duc.

Le Lundy seiziesme Ianuier venu coucher à Asciano petite ville
à l'hostellerie de l'Angelo hors la
porte.

Le Mardy dix-septiesme Ianuier
venu disner à Arezo à l'hostellerie de l'Angelo : En arriuant veu
les pôts de Chiano, & les Marests
que le grand Duc a faict labourer
& desseicher par tout & y a basti
des mestairies, ce qui luy porte
vn reuenu de plus de cent mille
escus, là se voit vn canal d'vne longueur tres-grande.

AREZO.

ARezo est vne assés grãde ville,
située partie en plain, le reste
vn peu en montant : Il y a tout au
tour d'assez bonnes murailles &
quelques mauuailes fortificatiõs,

en haut eſt vne petite Citadelle de cinq baſtions petits & irreguliers. la place n'eſt pas grande choſe, on y voit l'Egliſe Collegiale, en laquelle ſous le grand Autel ſont des Reliques, & vis à vis vne allée d'aſſez beaux portiques.

Le Dome eſt aſſez beau il y a des Reliques, entre autres la Iupe de S. Eſtienne, & des gouttes de ſág deſſus. Le palais du grand Duc eſt petit, & la maiſon de ville n'eſt pas grande choſe. Les rues ſont aſſez belles & bien baſties.

Venu coucher à Caſtiglion Aretino ou Fiorentino, l'hoſtellerie s'appelle al Sechino, c'eſt vne petite ville où rien n'eſt remarquable qu'vne place en terraſſe, vne Egliſe, & vn meſchant Chaſteau tout rompu.

Le Mercredy dix-huictieſme

Ianuier paſſe à Cortonne, il y a de
ſimples murailles, & vne mau-
uaiſe fortereſſe : mais la ville ne
laiſſe d'eſtre forte pour ſa ſituation qui eſt ſur vne haute montagne : Tout autour eſt vn beau paï-
ſage & force maiſonnettes de
plaiſance.

Plus auant eſt le LAC TRASIMENE
de Caſtillon ou de Perouge, & là
on rentre ſur l'eſtat du Pape, il eſt
de plus de vingt lieues de tour, &
a trois Iſles, la Maieure où eſt vn
beau Conuent de Socolanti, la
Mineure, & la poluega. Diſner à
Baſſignano à la Corne : Apres
trouue la tour de la Magione, arriue à Perouge.

PEROVGE.

PErouge eſt vne belle grande
ville ſituée ſur vne haute mõ-
tagne, elle a vn peu de plain vers
la place, le reſte haut & bas, il n'y
a que de ſimples murailles, vne
Citadelle fortifiée de quatre baſtions. La place eſt belle, la fontaine, & le Palais du pape. Au Dome eſt la bague de Noſtre Dame.
Sainct Pierre eſt vne belle Egliſe
& bien peinte & vn beau Conuét,
il y a vne belle veue, aux Eſcoles
auſſi qui ſont fort belles, l'hoſtellerie a nom la Couronne.

Le Ieudy dixneufiefme Ianuier
paſſe le Tibre au pont ſan Giouãni, & à vn autre la Chiana, arriue
à la Madona de gli Angeli, c'eſt vn
beau commencement d'Egliſe, il
y a le

y a le Chœur & les entrailles de S.
François : Dans vne petite Chapelle au grand Autel eft l'Image
de la Vierge & de l'Ange, ce font
Cordeliers Socolanti.

De là fommes allez à Affife vil.
le fur vne montagne, vne fortereffe en haut, & de fimples murailles s'y vóyent:De là veu l'E-
glife S. François,vne haute l'autre
baffe : Dans la haute y a d'anciennes peintures:Et de là vous voyez
le Conuent qui eft fort beau &
fpatieux : Dans la baffe fous le
grand Autel eft le corps de fainct
François, force autres belles reliques. Entre autres le voile de
la Vierge : il y a force belle argen.
terie , & vn vafe, & aupres le fepulchre d'vne Royne de Cipre di.
gne d'eftre veu.

L

A la place eſt vne Egliſe d'antiquité appellée laMinerue,ou voit
quatre beaux piliers , le Dome
eſt beau,& l'Fgliſe Saincte Clere,
là eſt le Corps de Ste Clere ſous
le grand Autel,& pluſieurs autres
belles reliques, & vn Crucifix qui
a parlé à S. François. Au logis de
S. François on a faict vne petite
Egliſe neuue bien peinte. L'hoſtellerie eſt l'Angelo.

Apres diſner veu Beata Chiara
de Montefalco tres belle relique,
ſon Corps & ſon Cœur où eſt la
Paſſion deſcrite, ſe voyent. De là
venu coucher à Fouligni à l hoſtellerie de la poſte, ou S. Georges.

FOVLIGNI.

FOuligni eſt toute ſituée en plain, il n'y a que de ſimples murailles, les rues ſont belles, la place & la maiſon de ville auſſi. Au Dome y a de belles reliques, les Egliſes de S. Dominique & de San Carlo ſont belles, à vne des Religieuſes eſt vn tableau de Raphaël Durbin : A S. François ſont les Beata Angela, & la Beata Agnelina, deux corps de Martyrs tous entiers.

Le Vendredy vingtieſme Iannier paſſe à Screuale, diſner à la Murcia à la Campana. Apres diſner paſſe à Valſimara, coucher à Tolentino à la poſte à l'enſeigne du Lion.

L ij

Tolentino eſt vne petite ville qui n'a rien de remarquable que la place. Le palais, vne colomne neuue, & vne ſtatue de S. Nicolas, elle n'a que de ſimples murailles. L'Egliſe ſainſt Nicolas ce ſont Auguſtins, eſt remarquable : Son corps y eſt, mais on ne ſçait, où les bras ſe voyent, & quelques-fois iettent du ſang. Et eſt à noter que le iour de là mort d'Henry le Grand, ils en ietterent en abondance.

Le Samedy ving-vnieſme Ianuier diſner à Macerata à la Campana : C'eſt vne iolie ville ſur vne môtagne, la place, le Palais du Pape, la maiſon de ville & le Dome ſe doiuét voir, elle n'a que ſimples murailles. Apres diſner paſſe à Recanati autre ville ſur vne haute montagne, il ne s'y voit qu'vne grande & longue rue, le Dome digne de regarder, elle n'a aussi que de simples murailles, coucher à Lorete au Lion.

Le Dimanche 22. Ianuier passe à Cirol, veu le Crucifix, & au dessus vn Couent de Soccolanti, disner & coucher à Ancone à la Capana.

Le Lundy vingtroisiesme venu disner à liesi ville fort iolie: La place, la maison de ville, le palais du pape se doiuét voir, le Dome est tres-beau, y a vn fort beau clocher: La ville est située sur vne petite montagne, & neantmoins est assez pleine. La rue du faux-bourg est fort iolie, l'hostellerie de la Campana y est bonne, auāt que y arriuer passer le pont de la Fiumesina riuiere : Et apres veu l'Ab-

baye de Chiaraualle qui eſt au
CardinalMontalte,venu coucher
à la Serra à vne hoſtellerie ſeule
ſur le grand chemin au deſſous
de la ville nommée la Volpe.

Le Mardy vingtquatrieſme Ianuier diſner à Fabriano grande ville,il n'y a point d'Eueſché.L'Egliſe S. Venantius eſt belle,le Palais,
le fort tres petit , & la place , les
rues ſont belles, la ville va vn peu
haut & bas, l'hoſtellerie eſt la Cã-
pana, venu coucher à Egubio aũ
Duc Durbin , grande ville ſituée
ſur vneColline,elle va haut &bas,
&n'a que de ſimples murailles:Le
dome San Pietro,SanDominico,
la Madonade San Marco vn mille
dehors ſe doiuent voir : Sur tout
San Vbaldo, ſon corps y eſt & fait
de grand miracles. Le Palais du

Duc est assez beau, la maison de
ville est tres belle, en bas vne belle
Salle à iouer comedies, & vn beau
Theatre. en haut vne autre dedãs
deux belles fontaines : A vne Chã-
bre aupres y a d'anciennes tables
de bronze escrites d'vne escriture
inconnuë. Hors la ville est vn beau
& ancien Amphiteathre, l'hostellerie c'est la poste ou l'Angelo.

Le Mercredy vingtcinquiesme
Ianuier disner à Citta de Castello
tres iolie ville au Pape à l'hostellerie del Angelo : La place est belle,
le Dome aussi, la maison de ville
est belle. Le Marquis de Vitelli y
a vn fort beau palais garni de belles peintures & vn tres-beau iardin : Il n'y a à la ville que de simples murailles, & quelques mise-
rables bastions de quelque costé,

les rues font affez belles, les
Palais du Pape & de l'Euefque
font affez beaux: A S. Dominique
on voit le corps de la Beata Mar-
garita tres- entier, & femble eftre
viuant.

Venu de là coucher à Borgo
San Sepolchro ville au grãd Duc,
la place, les rues, le Dome & la
Citadelle fe doiuent voir, elle a
quelques mauuaifes fortificatiõs
autour, & d'affez fimples murailles: la bonne hoftellerie eft la
Campana.

Le Ieudy vingtfixiefme Ianuier paffe à la Pieue San Stephano iolie petite ville, hors les portes vne belle Eglife d'vne Madona miraculeufe, difner à la montagne de Lauernia Conuent des
Cordeliers d'afreufe fituatiõ plein

de neige prefque toute l'année, au milieu d'vn bois de Fage & Sapins.

La grande Eglife eft belle on y voit de belle reliques, dans la Sacriftie y a des corps Sainɗs, de belle argenterie, & de beaux ornemens : Apres vous voyez dans vne belle Chapelle le lieu où fainɗ François euft les playes de noftre Seigneur fichées fur fon corps : En vne autre Chapelle eft le lieu où fainɗ Fráçois couchoit, l'on y voit la Cellule de fainɗ Antoine de padoüe, l'on voit vn rocher où le diable voulant precipiter fainɗ François, le Roc luy fit vn gifte en arriere miraculeufement, fe voit vne Chapelle de cinq Beati.

Deffous vn Roc afreux eft le

lict de S. François, l'on voit de ces
pierres ou rochers rompus, à la
Paſſion l'on voit des arbres tres-
hauts ſans racine ſourdir de dedãs
le Roc sãs terre. Se voit vn Rocher
en l'air & ne tiét qu'à vn petit bout,
choſe incomprehenſible & miraculeuſe: l'on voit dans vne Chapelle la table de S. François, en vn
petit Oratoire ſe voit la memoire
d'vne fage où de l'eau beniſte
a eſté trois cens ans , il y a à la
vieille Egliſe deux Chappelles
plus haut l'habitation du Beato
Giouãni d'A fermo, vne à la Cime
de la montagne, diſner dans le
Conuent, y a au deſſous vne meſ-
chante hoſtellerie pour les Pelle-
rins.

Coucher à Camaldoli Conuent
tres-beau, & tres-riche des peres

de S. Romualde. En bas y a vne
tres belle Eglife & le reste du Có-
uent est tres-beau. Il y a à trois
mille vne hofpice nommé le Mau-
foleo fort ioli. A vn mille de l'A-
baye fur le haut de la montagne
est l'Hermitage, il y a vne belle
Eglife, des Reliques, quelques
foixante Cellules. Il y a vne chapelle de Gregoire IX. Pape, vn
autre lieu où Sainct Romualde
euft en vision l'habit de fes Moines.

Le Vendredy vingt feptiefme
Ianuier en paffant veu Popi, & aupres vn Conuent de S. François
de le fcarpe fort ioli. Venu difner
à la Strada, il y a deux hoftelleries
fans enfeigne, la meilleure est
d'Antonio.

De là coucher à Valombrofa

tres-belle Abaye dans de tres-
fafcheufes montagnes pleines
de neige, le Conuent eſt fort
beau & riche : En haut de la montagne y a vn Hermitage d'vne feu-
le cellule, fort beau, mais la de-
meure en eſt afreufe, les Moines
font de l'Ordre ſainct Benoiſt re-
formez par Sainct Gualbert : l'E-
gliſe eſt belle, il y a de belles Reliques.

Le Samedy vingt-huictiefme
Ianuier difner proche Florence
à vne maifonnete du Seigneur
Francefco del Monte, paſſe à
Ponte Sieue où paſſe la riuiere
de Sieue : Coucher à Florence au
palais.

FLORENCE.

Florence eſt vne belle & grande ville, toute pleine, enuironnée de mótagnes, couppée en
deux par le fleuue d'Arno, ſur lequel y a pour aller d'vn coſté à
l'autre quatre beaux póts de pierre & de beaux gues de part &d'autre: Elle eſt enuironnée de bonnes murailles & non fortifiée, il y
a trois Citadelles telles quelles irregulierement fortifiées, l'vne
Belueder proche le Palais, l'autre
ſan Giouanni, & l'autre ſan Minia-
to. Les rues ſót tres-belles, réplies
de beaux Palais. La gráde place eſt
tres-belle, on y voit vne belle fontaine, & vne belle ſtatue du grand
Duc Coſme. Le Dome par de-

hors eſt la plus belle choſe du
monde toute de marbre blanc &
noir toute acheuée hors la facade,
la coupe eſt tres-belle, ſe voit ꝟn
tres beau clocher de marbre blác
& noir. Dedans l'egliſe ſót les ſtatues des douze Apoſtres, & de belles peintures.

Aupres eſt l'ancien Temple de
Mars, maintenant S. Iean, où eſt
le Baptiſtaire, les portes de bronze ſont d'vne extremement belle
manufacture.

Santa Maria Nouella eſt tres-
belle, la facade & la place qui eſt
en rond deuant la porte eſt admirable. Les Carmes ſont auſſi fort
beaux. Saincte Croix Egliſe de S.
François eſt la plus belle: Vous y
voyés la ſepulture de Michel Ange
& vne belle chaire à preſcher de-

uant la porte : Vne belle place où
fe font les ieux du Calce & autres
affemblées de la Nobleffe.

L'Eglife San Spiritu eft tres-
belle, fur tout le grand Autel, &
le Cloiftre de l'Annóciade fe doit
voir fur tout : L'on y voit dans vne
Eglife mediocre vne Image de la
Vierge & vne de l'Ange faite par
Sainct Luc, & miraculeufement
acheuée par les Anges : Ce lieu eft
plein de grande deuotion, ce font
les freres Serui qui y font, il y a
plufieurs beaux prefens & vœux
audit lieu. Deuant l'Eglife eft vne
belle place, d'vn cofté l'Eglife, de
l'autre des maifons efgales, de
l'autre vn tres-bel hofpital, la
ftatue du grand Duc Ferdinand y
eft.

Proche de là eft le Manege &

escuries du grand Duc dignes
d'estre veues. Vis à vis est l'Eglise de S Marc Conuent des Iaco-
bins tres-beau, auquel est vne
tres belle Bibliotheque, il y a vne
belle Chapelle & aussi des Reliques.

Le Palais de Pithi est tres-beau,
il y a force beaux departemens. &
vn bastiment neuf commencé. Il
y a tout deuant vn admirable iardin plein de belle fontaines, statues & autres delices. Du palais de
Pithi vous allez par vn Coridor à
la gallerie du grãd Duc pleine de
belles statues, peintures, raretez,
argenteries, mesme vn seruice
d'or, & de toutes sortes d'ouuriers
excellens, & de belles boutiques:
A vn des bouts est vn ioli petit
iardinet & des Orangers: l'Apoti-
cairie

cairerie pleine de chofes rares s'y
voit: Il y a auffi vne falle de toutes
fortes d'armes rares & belles.

De là vous entrez dans le vieux
Palais où font les threfors du grád
Duc: Vous y voyez deux grandes
falles, l'vne pòur les Comedies,
l'autre pour les feftes tres-bien
peintes: Il y a vn grand Cabinet
d'Allemagne plein de Medailles
d'or.

Ce qui eft à Florence, voire en
tout le monde de plus admirable,
eft la Chapelle S. Laurent, elle
eft toute baftie de pierres precieufes fines, elle n'eft pas encore a-
cheuée Le Cabinet de Iean Boul-
lougne fe doit voir, & auffi la Librairie de S. taurent, & auffi la Sacriftie où font les fepulchres de
plufieurs grands Ducs deffignez
par Michel Ange.

M

Deuant la Trinité y a vne belle
Colomne de porphyre, vne Iustice dessus. A vn autre endroit vn
Centaure tres-bien fait. L Hospital est tres beau : la loge & les galleries & statues proche la place sõt
tres-belles. La Campana est la
meilleure hostellerie. Le palais
Stroffi & le vieux des Medicis sont
aussi tres-beaux. Le Caffin du Cardinal est beau & digne d'estre veu.

Au tour de la ville sont vne
tres-grande quantité de palais &
lieux de plaisance qui rendent le
pays tres beau. Fiesole ancien est
à deux milles pres, on n'y voit plus
rien que d'anciennes ruines. plus
auant est Pratolin belle maison
de plaisance du grand Duc : Vous y
y voyez dans le logis beux apartemens, des Statues & peintures,
entre autres vn S. Iean de Raphaël

d'Vrbin. Dans le parc eſt vne belle voliere , force peſcheries & canaux en diuers endroits LaMena-
ta eſt vne belle fontaine, celle de
l'orque auſſi. En vn petit logis y a
des marmotes : Il y a par tout de
belles allées , & vn arbre qui ſert
de fontaine : la ſtatue de la Lauan-
diere eſt belle, la fontaine du Muid
auſſi : la fontaine de Cupidon &
celle de la Maſquarade ſont belles : Il ſe voit vne belle ſtatue de
Michel Ange , vne belle allée a-
uec vne belle cheute d'eau, la fontaine du Satyre eſt tres-belle. La
grande grotte ſous le Palais eſt la
plus belle , il y a de l'eau petrifiée
en roc, choſe rare.

La fontaine de Francine eſt
fort iolie. De l'autre coſté du
Palais eſt vn beau pré , à gauche
vne Chapelle , des ſtatues par

tout, & la belle fontaine de Lape-
nin, il y a au deſſus pluſieurs autres fontaines non acheuées, &
force allées: Il y a auſſi vne belle
Eſcurie.

Il faict beau voir dans la ville les
Lions & autres beſtes ſauuages
renfermées. Faut auſſi voir la maiſon de plaiſance du Cardinal de
Medicis nommée Carege. Le Palais eſt beau, & dans la cour & departemens y a des ſtatues & peintures,&vne belle terraſſe remplie
de fontaines,vn beau iardin& des
Orangers chargez de fruict dans
des pots magnifiques.

De là voyez la Petraia maiſon
du grand Duc bien peinte, il y a
des ſtatues & iardins tres-beaux.
De là vous voyez Rinieri où rien
n'eſt de remarquable. Puis vous
voyez Caſtello, le logis eſt beau,

les peintures, ſtatues, peſcheries,
fõtaines, grottes, & diuers iardins,
les Cipres & oragers ſe doiuét voir.

Baroncelli auſſi maiſon de plaiſance de l'Archiducheſſe eſt vn
tres beau commencement, il y a
iardins, fontaines, & peintures.

En tout le temps qu'auons eſté
à Florence nous viſmes vn beau
Balet auec vn combat de Barie-
re, le ieu de Calce ou balle forcée
qui eſt tres beau, & vne belle Co-
medie.

Pour voir le tout cy-deſſus,
auons ſeiourné depuis le Samedy vingt-huictieſme Ianuier, iuſ-
ques au Mardy ſeptieſme Feurier.
Et ledit iour apres auoir veu la pro-
ceſſió des filles à marier, venu voir
le Pogio belle maiſon du grand
Duc : Il y a vne belle ſalle, de
beaux departemens, & de belles

peintures, de beaux offices fous
terre, vne belle terraffe, belle veue.

De là on voit Piftoie ville affez
iolie, & Prato tres-grand Bourg,
il y a vn ioli iardin & vn grand
parc, il y a de belles caues & efcuries. A trois milles de là eft Artemi-
ne autre lieu de plaifance : Il y a
quatre logis, mais le grand palais
eft beau, il y a belles offices, &
veuë, beaux departemens & peintures, beau parc de Pins, belle
chaffe, vn bois de Sapins tout au
tour.

De là venu coucher à l'Ambro-
fiane, belles peintures & de partemens, belle auenuë, iardin & ieu
de paume, & beaux departemens.

Le mercredy huictiefme Feurier
paffe à Empoli petite ville fort iolie, il y a vne belle place, dehors
vne belle fepulture & vn beau Cô-

uent paſſe le pont Aens, venu diſner à ponte Dera paſſe là vn pont,
diſner à l'hoſtellerie appellée le
pont à Dera. Apres diſner trouue
la madona de la Cachina : Venu
coucher à piſe, la bonne hoſtellerie eſt l'Eſtoille.

PISE.

PIſe eſt vne belle grande ville
en plaine non fortifiée, n'ayất
que de ſimples murailles, la Citadelle ne vaut rien, elle eſt toute ir-
reguliere auec des meſchás petits
baſtions. Il y a trois ponts ſur la riuiere d'Arno qui la trauerſe, &vne
belle rue nommée la Longarno.

Il y a vne Vniuerſité, de belles eſtudes, vn beau iardin de ſim,
ples, & vne gallerie pleine de raretez.

Le Dome est tres beau, il y a d'excellentes peintures, & de belles portes de bronze & des chaires tresbien peintes de pieces de bois raportées. L'Eglise S. Iean ou Baptistaire est tres-belle, il y a vn beau Baptistaire & vne belle chaire à prescher pleine de statues.

Le Campo santo ou Cimetiere est tres-beau, rempli d'excellentes peintures & de deux tables anciennes, dehors est le sepulchre de la Comtesse Matilde. La tour ou clocher est vn admirable edifice.

Dehors vous voyez vn bel Aqueduc, & tout au tour de la ville de belles allées pleines d'arbres qui les rendes couuertes.

Le Ieudy neufiesme Ianuier allé disner à Liuorne, l'hostellerie a nom Monte dauro.

LIVORNE.

Liuorne eſt vne place au bord
de la Mer Mediteranée en
pleine, elle a tout autour vn beau
grand foſſé plein d'eau, ſix baſtions Royaux & eſgaux, beaux
ramparts & contreſcarpes : La Citadelle neuue a trois baſtions irreguliers deuers la ville, par dehors
elle n'a que la fortification ordi-
naire de la ville.

La vielle eſt vn peu en mer aſſez
mal & irregulieremét fortifiée, il
y a le port de la Darcina renfermé
où ſont les Galeres & le Molle ou
grand port où ſont les vaiſſeaux.
Deuant eſt la ſtatue du grand DUC
Ferdinand : La place, l'Egliſe, les
rues, & le Bagno lieu où ſont les
Eſclaues ſe doiuent voir, le Fa-

nal auſſi, & autres tours dans la mer. Apres diſner en reuenât veu S. Pierre ancienne Egliſe, coucher à Piſe.

Le Vendredy 10. Feurier parti de piſe, entre ſur l'eſtat de Luques Re-publique, diſner & coucher, l'ho-ſtellerie eſt la Couronne.

LVQVES.

LVques eſt vne place de trois mil de tour, ſituée en plaine, tres bien-fortifiée d'onze baſtiós, tout au tour les foſſez ſont ſecs, mais tres-bons, tout au tour des rampars par dedans qui ſont tres-beaux, y a force beaux ar-bres, le Palais eſt beau, l'on y voit la Salle du Conſeil, & l'Arce-nal.

Au Dome eſt le Volto Santo &

vne petite place deuant il y a vne
Eglife d'vne Madone miraculeufe. la grande Place eft belle, on y
voit l'Eglife S. Michel.

Le Palais de Iuftice, la loge des
Marchans, & la peinture du Pice-
nion fe doiuent voir, les rues auffi
& le S. Crucifix.

Le Samedy onziefme Feurier ré-
tre fur l'eftat du grand Duc, venu
difner à Pietra Sáta, là eft vne belle fortereffe, vn bourg, & l'hoftellerie de dehors fe nomme l'Ange.

De là venu entrer fur l'eftat du
Prince de Maffa, coucher à Maffa
qui eft vne ville où la fortereffe, le
palais, la place, le iardin, les rues
& l'Eglife Sainct François fe doiuent voir.

Le Dimanche douziefme Feurier
difner à Sarazana ville de la Re-
publique de Gennes, à l'Eftoille

hors la porte au deſſus au Saraza-
nella fort Chaſteau.   De là coucher à Borgueto petit Bourg à la
poſte l'hoſtellerie ſans enſeigne:
Paſſe y allant la Magra & vne autre riuiere par pluſieurs fois.

Le Lundy treiziefme Feurier diſner à Seſtri ville, port de mer à l'E-
ſtoille, coucher à Chiauari bourg,
à la poſte ſans enſeigne.

Le mardy quatriefme Feurier
diſner à Recco à l'hoſtellerie du
pont: Coucher à Gennes à l'hoſtellerie de ſainct Georges Poſte.

GENNES.

Ennes eſt vne ville ſituée au
pied de tres grandes mon-
tagnes, ſur le bord de la mer mediteranée, elle eſt haut & bas,
mais aſſez aiſé, elle abonde en

superbes baſtimens, & a les rues
eſtroites & les maiſós fort hautes,
elle eſt fort peuplée & peu forte:
Elle a vn port de mer aſſez grand
pas trop bon, & vn petit nommé
la Darcine renfermé où ſont les
Galeres, & fort proche l'Arcenal
deſdites Galeres quatre ponts de
pierre pour deſbarquer, entre autres celuy des Marchans proche la
Douane & de la ſalle nommée S.
George où ſe preſte l'argent.

Les Egliſes ſont S. Ambroiſe E-
gliſe des Ieſuites tres bien peinte,
de belles colomnes & force Reliques. Le Palais, la Salle du Conſeil,
& la Salle des armes pour armer
trente mille hommes, ſont dignes de voir.

Le Dome ou ſainct Laurent eſt
beau, là ſont les Cendres de ſainct
Iehan Baptiſte, & vn plat d'eſ-

meraude. Nostredame des vignes.
S. Sire, S. François, & S. Dominique sont aussi fort beaux.

Dans le port tout au tour de la
ville de tous costés sont vne infinité de magnifiques palais & maisons auec beaux iardins. Au Palais
du Duc Grimaldi y a vne belle fontaine.

La Strada noua est tres belle, réplie de plusieurs superbes palais.
Les banques est vn beau lieu où
tout le monde s'assemble: En vne
maison particuliere est la belle
Horloge qui estoit à Ausbourg.
Hors la ville est le Palais du prince d'Oria, la Garderobe pleine de
raretez & richesses: La salle d'armes, les beaux departemens ; la
gallerie, la terrasse & les tapisse-
ries se doiuent voir. Les trois grâds
iardins, les fontaines, la voliere,

les terrafses les vnes fur les autres
au bout du iardin, & le port à aborder vaifseaux fe doiuét aufsi voir,
la grotte aufsi, le petit Palais, les
iardinets, le Geant, la pefcherie, le
petit cabinet du iardin fi bien
peint.

Aufsi plus auant eft le Palais de
Iean Hieronino del Negro où eft
la voliere, vn cabinet de ftatues,
peintures & raretez. La belle grotte, les ftatues, les iardins, le petit
bois, la pefcherie, le petit logis, les
fontaines & la cheute d'eau fe
doiuent voir.

Plus auant à la ruë de San Pierre d'Arene tres-belle pleine de
fuperbes Palais, eft la maifon de
plaifir de l'imperial, le iardin, les
fontaines, & la pefcherie fe doiuent voir. A celle del Pauefe y a
vne tres-belle grotte dans la ville

au logis del feignor Philippe, S.
Michel, le logis, les trois cabinets
pleins de peintures & raretez fe
doiuent voir.

Au logis du fieur Carlo d'Oria
y a diuiuers cabinets en differens
eftages, pleins de peintures & raretez: Nous vifmes auffi vn enfant
de l'aage de douze ans viuant
qui en a vn autre attaché par le
vétre auffi viuant mais imparfait.

Pour voir le tout que deffus, a-
uons feiourné le Mercredy & Ieudy quinze & feiziefme Feurier, &
Vendredy dix-feptiefme. Apres
difner venu coucher à Lenfano,
bourg fur le bord de la mer, à l'hoftellerie qui a pour enfeigne la
Croix rouge.

Et auffi toft apres foupé nous
nous enbarquafmes fur mer, vifmes Sauonne au clair de la Lune,
ville,

ville, bon port, puis final qui eſt au Roy d'Eſpagne : Venu repoſer à la ria à l'image S. George petit bourg.

Et le Samedy 18. Feurier veu Luan, beau lieu du prince d'Oria, il y a beau Palais, & de beaux Cóuents. Venu diſner à Bardenay fief de l'Empire à l'hoſtellerie de Iacomin Gherardi : puis paſſe à Caliſſan lieu au Roy d'Eſpagne du Duché de Milan, coucher à la Sietta bourg au Duc de Sauoye du Marquiſat de Salluſſe à l'enſeigne de la Couronne. Et le Dimanche dixneufiéme Feurier pour le mauuais temps diſne à Leſegna chez le Biſtatore : Et puis venu coucher à Cheraſco petite ville au Lió d'or.

Le Lundy vingtieſme Feurier diſner à Carmagnoles ville capitale du Marquiſat de Salluſſes, ellé

N

est en plaine, quelques marefca-
ges au tour & quelques mauuaifes fortifications, elle eft comme
quarrée &n'y a rien de remarquable, la bonne hoftellerie eft la Li-
corne.

Venu coucher à Turin le mardy
vingt vniefme Feurier, le Mercredy &Ieudy 22.& 23.Feurier feiour-
ne à Turin.et le Vendredy vingt-
quatriefme Feurier iour S. Ma-
thias allé difner à fainct Ambrois
à la Couronne pofte, paffe à Sufe,
coucher à laNonualefe à l'Efcu au
pied du mont Cenis du cofté du
piemont. Le Samedy 25.Feurier
difner & coucher à la Ferriere vil.
lage à l'enfeigne du mouton dans
le mont Cenis, le mauuais temps
nous ayant empefché de paffer la
montagne.

Le Dimanche vingt-fixiefme

Feurier trouue dans le mót Cenis
la Chapelle S. Nicolas, entrée de
la Sauoye, venu difner à Lane-
bourg village aux trois Rois, coucher à la Villaroudin village à la
Croix blanche. Le Lundy 27. Feurier venu difner à fainct Michel à
l'Efcu de France, & apres difner
paffe à S. Iean de Maurienne ville
euefché tout du long de Lifere fur
laquelle on paffe plufieurs ponts
le long des chemins, coucher à la
Chambre village à la Lune. Et le
iour de mardy gras 28. Feurier difner à Aifguebelles à l'image fainct
François. Là veu le fort de Carbó-
nieres fur vn haut bien fitué, nul-
les fortifications que de mefchá-
tes murailles, & des bariques feulement en quelques endroits.

A pres difner veu Monmelian,
la ville ne vaut rien & n'a que de

ſimples murailles, le Chaſteau eſt
ſur vn Roc irregulierement fortifié tout au tour point commandé,
mais proche le pót venant à Chá-
beri bon terrain à faire tranchées
pour l'attaquer. De là venu coucher Chamberi capitale ville de
Sauoye, les rues, l'Egliſe des Chanoines, le palais du Duc, & la Saincte Chapelle eſt tout ce que l'on y
doit voir, loge aux fauxbourg à
l'hoſtellerie de la Pomme.

Et le Mercredy iour des Cédres
premier de mars, venu, ayant paſſé
la montagne d'Aigueſbelete diſner au pont de Beauuoiſin entrée
de France village à l'Ange, & coucher au bourg de la Tour du Pin
au Dauphin.

Le Ieudy deuxieſme Mars diſne
à la Verpilliere village au Dauphin poſte, coucher à Lion ville

de France Archeuefché, l'hoftellerie font les trois Rois. Le Vendredy troifiefme Mars difner à Ta-
rare bourg à l'hoftellerie où pend
pour enfeigne S. Sebaftien, coucher à S. Saphorien Bourg à la tefte noire. Et le Samedy quatriefme Mars paffe Loire à Roanne ville, difner à la Pacaudiere bourg
à l'image Noftre Dame : coucher
à la palliffe bourg à l'image Noftre
Dame. Le Dimanche 5. Mars venu difner à Varenne petite ville
au fauxbourg à la pofte à l'enfeigne des trois Rois, coucher à Moulins ville au Chafteau, la bonne
hoftellerie font les trois Maures.
Le Lundy fixiefme Mars difner à
S. Plaifir village à vn cabaret fans
enfeigne chez François Grimard,
coucher à Serilli ville, l'hoftellerie eft au fauxbourg à l'Efcu.

Et le Mardy septiesme Mars venu disner à Mouron, passe à la ville de sainct Amand, l'hostellerie la meilleure est l'image Nostre-Dame.

F I N.

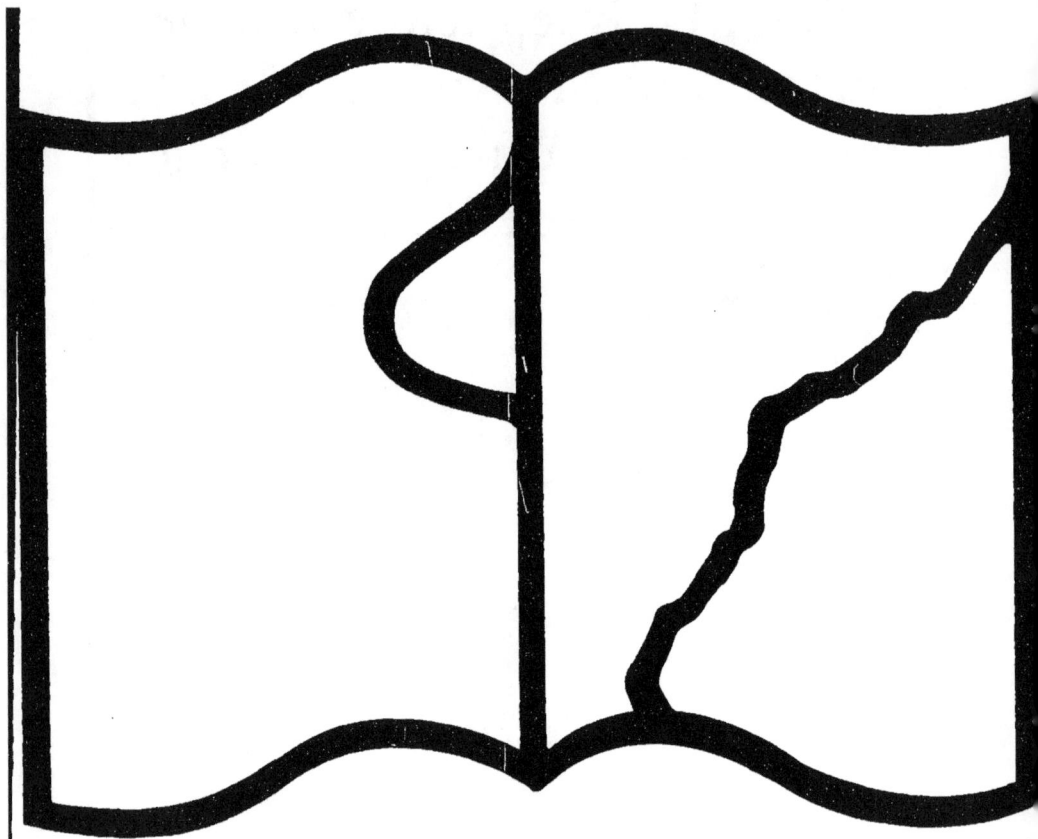

Texte détérioré — reliure défectueuse

NF Z 43-120-11

www.ingramcontent.com/pod-product-compliance
Lightning Source LLC
Chambersburg PA
CBHW060131100426
42744CB00007B/752